全国交通运输职业教育教学指导委员会规划教材
教育部中等职业教育汽车专业技能课教材

汽车自动变速器维修

Qiche Zidong Biansuqi Weixiu

全国交通运输职业教育教学指导委员会
中国汽车维修行业协会　组织编写

王　健　主　编

人民交通出版社股份有限公司
China Communications Press Co.,Ltd.

内 容 提 要

本书为全国交通运输职业教育教学指导委员会规划教材，主要内容包括：自动变速器的认识、自动变速器变速原理的认识、自动变速器液压元件的检修、自动变速器电子控制系统的检修、自动变速器的检修、自动变速器检测仪器的使用和自动变速器常见故障的诊断。

本书适用于中等职业学校汽车运用与维修专业的教学，也可供其他相关专业教师学生参考使用。

图书在版编目(CIP)数据

汽车自动变速器维修/王健主编. —北京：人民交通出版社股份有限公司，2017.3
全国交通运输职业教育教学指导委员会规划教材. 教育部中等职业教育汽车专业技能课教材
ISBN 978-7-114-12428-0

Ⅰ.①汽… Ⅱ.①王… Ⅲ.①汽车—自动变速装置—车辆修理—中等专业学校—教材 Ⅳ.①U472.41

中国版本图书馆 CIP 数据核字(2015)第 183581 号

书　　名：汽车自动变速器维修
著　作　者：王　健
责任编辑：戴慧莉
出版发行：人民交通出版社股份有限公司
地　　址：(100011)北京市朝阳区安定门外外馆斜街 3 号
网　　址：http://www.ccpress.com.cn
销售电话：(010)59757973
总　经　销：人民交通出版社股份有限公司发行部
经　　销：各地新华书店
印　　刷：北京市密东印刷有限公司
开　　本：787×1092　1/16
印　　张：9.5
字　　数：220 千
版　　次：2017 年 3 月　第 1 版
印　　次：2021 年 8 月　第 3 次印刷
书　　号：ISBN 978-7-114-12428-0
定　　价：23.00 元

(有印刷、装订质量问题的图书由本公司负责调换)

编审委员会

主　　任：王怡民（浙江交通职业技术学院）

副 主 任：刘建平（广州市交通运输职业学校）　　杨经元（云南交通技师学院）
　　　　　　赵　琳（北京交通运输职业学院）　　　张京伟（中国汽车维修行业协会）
　　　　　　陈文华（浙江交通职业技术学院）　　　王凯明（中国汽车维修行业协会）

特邀专家：朱　军（中国汽车维修行业协会）　　　魏俊强（北京祥龙博瑞汽车服务有限公司）
　　　　　　张小鹏（庞贝捷漆油（上海）有限公司）　刘　亮（麦特汽车服务股份有限公司）

委　　员：（按姓氏笔画排序）

毛叔平（上海市南湖职业学校）　　　　　　王　健（贵阳市交通技工学校）
王彦峰（北京交通运输职业学院）　　　　　王　强（贵州交通职业技术学院）
占百春（苏州建设交通高等职业技术学校）　刘新江（四川交通运输职业学校）
刘宣传（广州市公用事业技师学院）　　　　齐忠志（广州市交通运输职业学校）
吕　琪（成都工业职业技术学院）　　　　　李　青（四川交通运输职业学校）
李雪婷（成都汽车职业技术学校）　　　　　李春生（广西交通技师学院）
李文慧（新疆交通职业技术学院）　　　　　李　晶（武汉市东西湖职业技术学校）
陈　虹（浙江交通技师学院）　　　　　　　陈文均（贵州交通职业学院）
陈社会（无锡汽车工程中等专业学校）　　　张　炜（青岛交通职业学校）
杨永先（广东省交通运输高级技工学校）　　杨承明（杭州技师学院）
杨建良（苏州建设交通高等职业技术学校）　杨二杰（四川交通运输职业学校）
陆松波（慈溪市锦堂高级职业中学）　　　　何向东（广东省清远市职业技术学校）
邵伟军（杭州技师学院）　　　　　　　　　周志伟（深圳市宝安职业技术学校）
林育彬（宁波市鄞州职业高级中学）　　　　易建红（武汉市交通学校）
林治平（厦门工商旅游学校）　　　　　　　胡建富（浙江交通技师学院）
赵俊山（济南第九职业中等专业学校）　　　赵　颖（北京交通运输职业学院）
荆叶平（上海市交通学校）　　　　　　　　郭碧宝（广州市交通技师学院）
姚秀驰（贵阳市交通技工学校）　　　　　　崔　丽（北京市丰台区职业教育中心学校）
曾　丹（佛山市顺德区中等专业学校）　　　蒋红梅（重庆市立信职业教育中心）
喻　媛（柳州市交通学校）

秘书组：李　斌　翁志新　戴慧莉　刘　洋（人民交通出版社股份有限公司）

巻頭言

前言

为深入贯彻落实全国职业教育工作会议精神和《国务院关于加快发展现代职业教育的决定》，促进职业教育专业教学科学化、标准化、规范化，教育部组织制定了《中等职业学校专业教学标准（试行）》。全国交通运输职业教育教学指导委员会具体承担了汽车运用与维修（专业代码082500）、汽车车身修复（专业代码082600）、汽车美容与装潢（专业代码082700）、汽车整车与配件营销（专业代码082800）4个汽车类专业教学标准的制定工作。

根据教育部《关于中等职业教育专业技能课教材选题立项的函》（教职成司函[2012]95号）文件精神，人民交通出版社申报的上述4个汽车类专业技能课教材选题成功立项。

2014年10月，人民交通出版社联合全国交通运输职业教育教学指导委员会、中国汽车维修行业协会在北京召开了"教育部中等职业教育汽车专业技能课教材编写会"，并成立了由全国交通运输职业教育教学指导委员会领导、中国汽车维修行业协会领导、知名汽车维修专家及院校教师组成的教材编审委员会。会上，确定了4个汽车类专业34本教材的编写团队及编写大纲，正式启动了教材编写。

教材的组织编写，是以教育部组织制定的4个汽车类专业教学标准为基本依据进行的。教材从编写到成稿形成以下特色：

1. "五位一体"的编审团队。从组织编写之初，就本着"高起点、高标准、高要求"的原则，成立了由国内一流的院校、一流的教师、一流的专家、一流的企业、一流的出版社组成的五位一体的编审团队。

2. 精品化的内容。编审团队认真总结了中职院校的优秀教学成果，结合了企业的职业岗位需求，吸收了发达国家的先进职教理念。教材文字精练、插图丰富，尤其是实操性的内容，配了大量实景照片。

3. 理实一体的编写模式。教材理论内容浅显易懂，实操内容贴合生产一线，将知识传授、技能训练融为一体，体现"做中学、学中做"的职教思想。

4.覆盖全国的广泛适用性。本套教材充分考虑了全国各地院校的分布和实际情况,涉及的车型和设备具有代表性和普适性,能满足全国绝大多数中职院校的实际需求。

5.完善的配套。本套教材包含"思考与练习""技能考核标准",并配有电子课件和微视频,以达到巩固知识、强化技能、易教易学的目的。

《汽车自动变速器维修》是本套教材中的一本。与传统同类教材相比,本书以从事汽车维修岗位的实际需求为基础,注重技能的提高,注重理论与实践相结合,注重培养学生解决实际问题的能力。

本书的编写分工为:贵阳市交通技工学校的李志坚编写了项目一和项目六,贵阳市交通技工学校的张剑虹编写了项目二,贵阳市交通技工学校的侯勇编写了项目三和项目四,贵阳市交通技工学校的王超和王健编写了项目五,贵阳市交通技工学校的朱柯菁编写了项目七。全书由贵阳市交通技工学校的王健担任主编。

限于编者水平,又是完全按照新的教学标准编写,书中难免有不当之处,敬请广大院校师生提出意见和建议,以便再版时完善。

编审委员会

2016 年 3 月

目录 Contents

项目一　自动变速器的认识 ………………………………………………… 1
　　学习任务1　自动变速器组成的认识 ……………………………………… 1
　　学习任务2　自动变速器性能的认识 ……………………………………… 9
项目二　自动变速器变速原理的认识 ……………………………………… 16
　　学习任务3　液力变矩器的认识 …………………………………………… 16
　　学习任务4　行星齿轮机构变速原理的认识 ……………………………… 26
项目三　自动变速器液压元件的检修 ……………………………………… 38
　　学习任务5　阀体的拆装检修 ……………………………………………… 38
　　学习任务6　压力的调试 …………………………………………………… 51
项目四　自动变速器电子控制系统的检修 ………………………………… 62
　　学习任务7　自动变速器电子控制系统的认识 …………………………… 62
　　学习任务8　电子控制系统的检修 ………………………………………… 76
项目五　自动变速器的检修 ………………………………………………… 83
　　学习任务9　自动变速器的拆解与装配 …………………………………… 83
　　学习任务10　自动变速器各部件的检修 …………………………………… 95
项目六　自动变速器检测仪器的使用 ……………………………………… 107
　　学习任务11　使用电脑诊断仪检测ECT ………………………………… 107
　　学习任务12　使用示波器检测电器元件工作的波形 …………………… 116
项目七　自动变速器常见故障的诊断 ……………………………………… 127
　　学习任务13　自动变速器常见故障诊断方法 …………………………… 127
参考文献 ……………………………………………………………………… 143

项目一　自动变速器的认识

学习任务1　自动变速器组成的认识

学习目标

★ **知识目标**

1. 自动变速器分类的认识；
2. 自动变速器基本组成的认识。

★ **技能目标**

了解自动变速器各部件名称，并能准确找到自动变速器各部件的位置。

建议课时

4课时。

任务描述

在对自动变速器进行故障诊断时，需要对各部件的结构非常了解才能确诊故障部位。现有已解体的一整套自动变速器零部件，请同学们在学会诊断之前，对所有零部件进行识别。

一　理论知识准备

1　自动变速器的分类

（1）根据自动变速器装配的汽车驱动类型分，有前驱FWD、后驱RWD和四驱或全驱（4WD/AWD）之分。

（2）根据自动变速器控制系统的控制方式分，有机械液压控制自动变速器和电子液压控制变速器。近年又发展出新型电控机械自动变速器,如双离合自动变速器等。

(3)根据自动变速器的齿轮形式分,有行星齿轮式自动变速器和平行轴式齿轮自动变速器。

(4)根据自动变速器的传动比变化形式分为,有级式及无级式自动变速器。

我们通常所讲的自动变速器是指电液自动变速器。

2 自动变速器的组成

自动变速器通常由液力变矩器、行星齿轮变速系统、换挡执行器、液压控制系统、电子控制系统五部分组成,如图1-1所示。

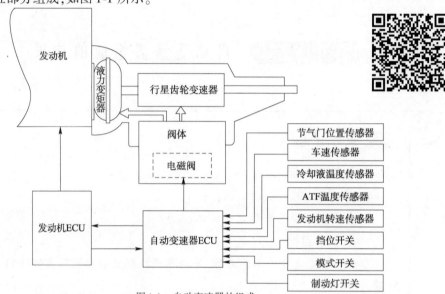

图1-1 自动变速器的组成

(1)液力变矩器。液力变矩器位于自动变速器的最前端,安装在发动机后端的飞轮上,充满自动变速器油,取代了离合器,其作用是将发动机的转矩传递给机械传动装置中的齿轮系统,其结构如图1-2a)所示。随着技术的不断进步,现代汽车在自动变速器上加装了锁止离合器,以提高中、高速时的传动效率,其结构如图1-2b)所示。

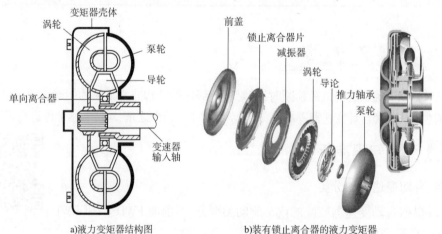

a)液力变矩器结构图　　　　b)装有锁止离合器的液力变矩器

图1-2 液力变矩器

（2）行星齿轮机构（机械传动装置）。行星齿轮机构包括齿轮传动装置（大部分为行星齿轮组）和换挡执行元件（离合器、制动器、单向离合器）。单排行星齿轮组如图1-3所示，主要由太阳轮、行星轮、行星架及齿圈等组成。实际上自动变速器行星齿轮机构往往是由两排或三排这样的齿轮机构组合而成的。

目前，典型的行星齿轮机构有辛普森式和拉威挪式，如图1-4和图1-5所示，在换挡执行元件的控制下，它们都能实现四个前进挡、一个倒挡。

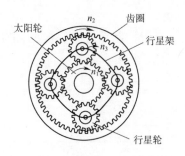
图1-3　单排行星齿轮组

图1-4　辛普森式行星齿轮机构

换挡执行元件包括离合器、制动器和单向离合器，它们的位置关系如图1-6所示。

图1-5　拉威挪式行星齿轮机构

图1-6　换挡执行元件位置关系

离合器的组成如图1-7所示，制动器的组成如图1-8所示，单向离合器的组成如图1-9所示。

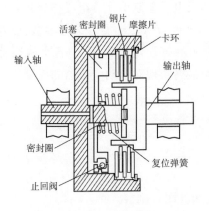
图1-7　离合器的组成

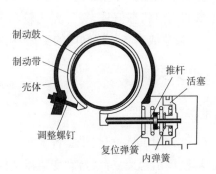
图1-8　制动器的组成

图1-9 单向离合器的组成

(3)液压控制系统。自动变速器的自动控制是靠液压控制系统来完成的,液压控制系统主要由动力源、执行机构和控制机构三部分组成,如图1-10所示。

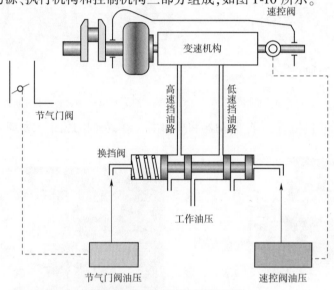

图1-10 自动变速器液压控制系统

(4)电子控制系统。现在几乎所有的轿车自动变速器都采用了电子控制系统。电子控制系统能按汽车行驶的需要选择相应的挡位,实现更复杂、更合理的控制,获得更理想的经济性和动力性,并可简化液压控制系统,提高控制精度和反应速度,容易实现整车控制。

电子控制系统由传感器、控制开关、执行器及电子控制单元等组成,如图1-11所示。

电子控制单元根据传感器检测所得节气门开度、车速、油温等运转参数,以及各种控制开关送来的当前状态信号,经运算比较和分析后按设定的程序,向各个执行器发出指令,以操纵阀板总成中各种控制阀的工作,从而最终实现对自动变速器的控制。

二 任务实施

1 准备工作

(1)工具:常用工具一套、手套若干。
(2)设备:展示台架一台、自动变速器结构图挂图一副。
(3)投影仪一台。

项目一　自动变速器的认识

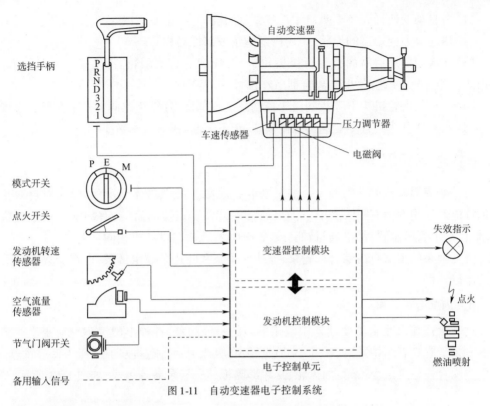

图 1-11　自动变速器电子控制系统

2 技术要求与注意事项

(1) 注意使用工具时不能用力击打自动变速器各个零部件。

(2) 注意挂图与实物一一对照。

(3) 注意台架上的各个零部件的摆放,不要滑落伤人。

3 操作步骤

将按总成拆散的自动变速器按原来的位置关系摆放于工作台面,方便学生识别各部件。图 1-12 所示为自动变速器各部件名称及结构图。

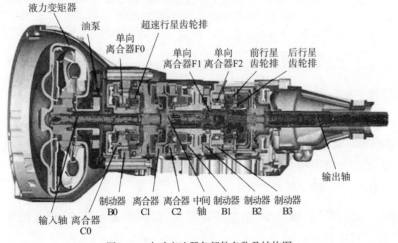

图 1-12　自动变速器各部件名称及结构图

(1) 在自动变速器壳体喇叭口附近找到液力变矩器,记下它的位置。
(2) 描述液力变矩器的形状,说出内部的组成部件名称。
(3) 在液力变矩器后面找到行星齿轮机构,找到前后太阳轮、行星架及行星轮组件,指出离合器、制动变速器、单向离合器所在位置。
(4) 在行星齿轮机构下部找到液压控制系统各部件,分别指出阀体及油泵所在位置。
(5) 在车体上找到自动变速器控制模块,记下上面各标记、参数。

三 学习拓展

自动变速器换挡的动力源——油泵是重要总成之一,其技术状况的好坏,对自动变速器的性能及使用寿命有很大影响。油泵通常安装在变矩器的后端,有的安装在变速器的后端,但是不管何位置,都是通过轴套或轴来驱动,转速与发动机相同。

常见油泵的类型有内啮合齿轮泵、摆线转子泵和叶片泵等定量泵,也有少数车型采用变量泵(叶片)。

1 内啮合齿轮泵

内啮合齿轮泵是自动变速器中应用最多的一种油泵,各种丰田汽车自动变速器都采用这种泵。它具有结构紧凑、尺寸小、质量轻、自吸能力强、流量波动小、噪声低等特点。

内啮合齿轮泵由小齿轮、内齿轮、月牙形隔板、泵壳、泵盖等组成,如图1-13所示。

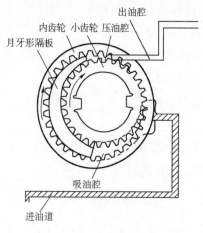

图1-13 内啮合齿轮泵

2 摆线转子泵

摆线转子泵是一种特殊齿形的内啮合齿轮泵,它具有结构简单、尺寸紧凑、噪声小、运转平稳、高速性能良好等优点;其缺点是流量脉冲大、加工精度要求高。

摆线转子泵由一对内啮合的转子及泵壳、泵盖等组成,如图1-14所示。

3 叶片泵

叶片泵具有运转平稳、噪声小、泵油流量均匀、容积率高等优点;但其结构复杂,对液压油的污染比较敏感。

叶片泵由定子、转子、叶片及壳体、泵盖等组成,如图1-15所示。

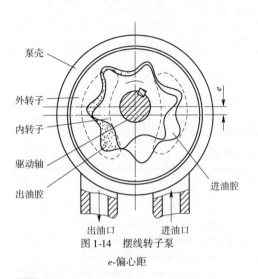

图1-14 摆线转子泵
e-偏心距

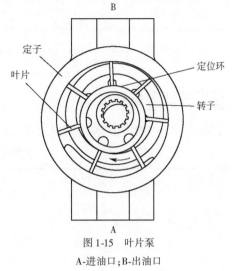

图1-15 叶片泵
A-进油口;B-出油口

四 评价与反馈

1 自我评价

(1)通过本学习任务的学习你是否已经清楚以下问题:
①自动变速器由哪几部分组成？_____。
②自动变速器分哪几类？_____。
(2)自动变速器的认识操作过程中用了哪些设备？
_____。

(3)实训过程完成情况如何？
_____。

(4)通过本学习任务的学习,你认为自己的知识和技能还有哪些欠缺？
_____。

签名：_____　　　　_____年___月___日

2 小组评价(表1-1)

小组评价表　　　　　　　　　　　表1-1

序号	评价项目	评价情况
1	着装是否符合要求	
2	是否能合理规范地使用仪器和设备	
3	是否按照安全和规范的流程操作	
4	是否遵守学习、实训场地的规章制度	
5	是否能保持学习、实训场地整洁	
6	团结协作情况	

参与评价的同学签名：_____　　_____年___月___日

3 教师评价

_____

_____。

教师签名：_____　　　____年___月___日

五 技能考核标准

根据学生完成实训任务的情况对学习效果进行评价。技能考核标准见表1-2

技能考核标准表　　　　　　　　　　表1-2

序号	项目	操作内容	规定分	评分标准	得分
1	自动变速器各部件的认知	安全确认	20分	确认台架平稳5分； 确认台架车轮锁死5分； 确认各零部件摆放整齐5分； 确认各零部件无坠落危险5分；	
		液力变矩器认知	20分	能认出泵轮4分； 能认出涡轮4分； 能认出导轮4分； 能认出壳体4分； 能认出单向离合器4分；	
		锁止离合器认知	20分	能认出锁止离合器片4分； 能认出减振器4分； 能认出涡轮4分； 能认出导轮4分； 能认出泵轮4分；	
		行星齿轮机构认知	20分	能认出太阳轮5分； 能认出齿圈5分； 能认出行星轮5分； 能认出行星架5分；	
2	自动变速器整体认知	自动变速器整体认知	20分	能识别液力变矩器5分； 能识别行星齿轮变速器5分； 能识别自动变速器ECU 5分； 能识别阀体和电磁阀5分；	
	总　　分		100分		

学习任务 2　自动变速器性能的认识

学习目标

★ 知识目标
1. 认识自动变速器的性能特点；
2. 认识自动变速器的使用特性。

★ 技能目标
1. 熟悉挡位操作；
2. 学会正确操作自动变速器。

★ 建议课时
2课时。

 任务描述

一辆带自动变速器的汽车在换挡杆置于 P 位或 N 位时，点火开关置于 START 位置仍然无法起动发动机，经检测汽车起动系统状态良好，故障为空挡起动开关导通不良导致。

一　理论知识准备

 电控液力自动变速器的特点

电控液力自动变速器免除了手动变速器繁杂的换挡和脚踩离合器踏板的频繁操作，使驾驶变得简单、省力，而且经过多年发展，自动变速器的生产成本已经相当低。当前自动变速器的挡位越来越多，从以前的4挡自动变速器发展到现在的8挡自动变速器，随之改变的是换挡速度和舒适性的提升以及油耗的改善。总的来讲，自动变速器的优点可以总结如下：

（1）操作简单、省力，提高了行车安全性；

（2）自动适应行驶阻力变化，在一定范围内实现无级变速，提高汽车的动力性和平均车速；

(3)汽车起步加速更加平稳,提高乘坐舒适性;

(4)提高燃油经济性,降低了排放污染。

当然,自动变速器也有自身的不足,如对速度变化反应较慢、换挡顿挫感明显、相对耗油多等。虽然挡位增加(齿轮增加)可以减轻自动变速器的天生缺陷,不过,挡位的增多也意味着体积和质量的增大,因此自动变速器在未来挡位增加上还是有一定局限性的。

2 自动变速器挡位的识别

一般来说,自动变速器的挡位分为P、R、N、D、2、1或L,如图2-1所示。

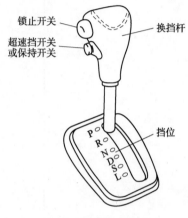

图2-1 自动变速器换挡杆

(1)P(Parking):驻车挡,用作停车之用,注意要配合驻车制动器使用。它是利用机械装置去锁紧汽车的转动部分,使汽车不能移动。当汽车需要在一固定位置上停留一段较长时间,或在停稳之后离开驾驶室前,应该拉好驻车制动器操纵杆及将拨杆推进"P"位。要注意的是:车辆一定要在完全停止时才可使用P位,要不然自动变速器机械部分会受到损坏。另外,自动变速器上装有空挡起动开关,使得汽车只能在"P"或"N"位才能起动发动机,以避免在其他挡位上误起动时使汽车突然前窜。因此,起动发动机前一定要确认换挡杆是否在"P"或"N"位。

(2)R(Reverse):倒挡,车辆后倒时用。通常要按下换挡杆上的保险按钮,才可将换挡杆移至"R"位。要注意的是:当车辆尚未完全停稳时,绝对不可以强行转至"R"位,否则变速器会受到严重损坏。

(3)N(Neutral):空挡。将换挡杆置于"N"位上,发动机与变速器之间的动力已经切断分离。如短暂停留可将换挡杆置于此挡位并拉出驻车制动器操纵杆,右脚可移离制动踏板稍作休息。

(4)D(Drive):前进挡,用在一般道路行驶。由于各国车型有不同的设计,所以"D"位一般包括从1挡至高挡或者2挡至高挡,并会因车速及负荷的变化而自动换挡。将换挡杆放置在"D"位上,驾驶人控制车速快慢只要控制好加速踏板就可以了。

(5)2(Second Gear):2挡为前进挡,但变速器只能在1挡、2挡之间变换,不会跳到3挡和4挡。将换挡杆放置在2挡位,汽车会由1挡起步,当速度增加时会自动转1挡。2挡可以用作上、下斜坡之用,此挡段的好处是当上斜坡或下斜坡时,车辆会稳定地保持在1挡或2挡位置,不会因上斜坡的负荷或车速的不均衡,令变速器不停地转挡。在下斜坡时,利用发动机低转速的阻力作制动,也不会令汽车越行驶越快。

(6)1(First Gear):1挡也是前进挡,但变速器只能在1挡内工作,不能变换到其他挡位。它用在严重交通堵塞的情况和斜度较大的斜坡上最能发挥功用,上斜坡或下斜坡时,可充分利用汽车发动机的扭力。

二 任务实施

1 准备工作

(1) 工具：三件套、车轮挡块。
(2) 设备：带自动变速器的汽车一辆、脚垫、背垫。
(3) 维修手册、工作记录表、评分表。

2 技术要求与注意事项

(1) 汽车进入工位前，将工位清理干净。
(2) 将车辆停放在水平地面上，并施加驻车制动。
(3) 将换挡杆置于驻车挡 P 位。
(4) 套上转向盘护套、换挡杆手柄套、座椅套并铺设脚垫。

3 操作步骤

1) 发动机起动及加速踏板的控制

(1) 为安全起见，自动变速器都设置有空挡起动开关，起动发动机时必须把换挡杆置于空挡起动位置(N 位)或停车挡位置(P 位)。

(2) 汽车起步时应先挂挡后踩加速踏板，不许边踩加速踏板边挂挡，不许先踩加速踏板后挂挡，不许踩着制动踏板或者还未松开驻车制动器操纵杆就踩下加速踏板。

(3) 换挡杆置于行驶挡位，应慢慢踩下加速踏板。在升高挡或降低挡的瞬间，不应再猛烈地加踩加速踏板，否则将使自动变速器尤其是换挡离合器、制动器的摩擦元件受到严重损坏。

2) 强制低挡

(1) 强制低挡旨在高速超车。高速时，变速器的执行元件，主要是离合器和制动器在分离接合的过程中，磨损发热较大，摩擦片很容易碎裂或黏结，除非特殊需要，不宜经常使用。超车后应立即松开加速踏板，否则发动机达到极限转速甚至超速后再松加速踏板升挡，对摩擦元件同样不利。

(2) 汽车高速行驶时，应尽量避免把换挡杆从 D 位移到 2 位或 L 位，尽管阀体上的换低挡定时阀能保证自动变速器顺次降挡，即挡位自动从 4 挡（超速挡）经过 3 挡后再降到低挡，但因为这种降挡方式实质上也相当于强制降挡，其影响与上述所讲的相同。如果需要，应降低车速（利用制动器）后再改变换挡位置。

(3) 如果加速踏板踩到底或再往下踩一段到强制低挡位置，而汽车并无真实接通"强制降挡"时的感觉（明显地突然加速），应立即松开加速踏板，查找故障原因。

3) 怠速爬行

(1) 换挡杆置于前进挡，不管在 D 位还是 2 位或是 L 位，当发动机的加速踏板在怠速位置时，允许汽车有行驶的趋势或极其轻微的向前"爬行"的感觉（蠕动）。目前，国外轿车或国内合资和引进生产的轿车只有在排量较小、液力变矩器的尺寸不大，其失速工况转速比较高（大于 2000r/min）的时候，才能不"爬行"。

(2)失速工况就是踩住制动踏板,将加速踏板迅速踩到底,发动机达到最高稳定转速时的工况。一些排量大的轿车,其发动机失速转速较低(小于1300r/min),驱动力矩相对较大,"爬行"现象可能存在。如Cadillac(凯迪拉克)、Merredes-Benz(梅赛德斯-奔驰)、Rolls-Royce(罗尔斯-罗伊斯)、CA770(红旗)等大型高级轿车,都有不同程度的爬行现象(前进挡或倒挡都有)。

4)下坡制动器(液力下坡缓行器)的使用

装有带下坡制动器的液力自动变速器汽车,空车下8%~10%的坡度时,可以用2挡位行驶;满载下8%~10%的坡度时,必须用L挡位行驶。否则自动变速器油温升高,使用性能下降。汽车在行进过程中自动变速器不得换挡,以免引起摩擦元件剧烈磨损。汽车下坡过程中,制动器在工作时绝对不允许换挡,使用时必须特别注意。

5)倒挡限制

(1)在汽车还没有停稳时,不允许换挡杆从前进挡换到倒挡,也不允许从倒挡换到前进挡,否则会导致变速器的执行元件,主要是离合器和制动器损坏。

(2)在停车场,驾驶人会经常匆忙地倒车,为此有的车型安装了倒挡保护装置。如美国Chryslerl Newport轿车上装的Torque Flite的自动变速器上,在液压控制油路中,装有倒挡限制阀,如果汽车还没有停稳,即使驾驶人强行挂倒挡也挂不上,因此起到了保护作用。近年来德国奔驰轿车安装的5挡机械变速器倒挡设置了同步器,同样可起到换挡保护作用。

6)锁止离合器的使用

(1)在液力变矩器中大多装有专门用于将泵轮和涡轮结合在一起的离合器,将其称为锁止离合器。锁止时机一般为车速60km/h以上,换挡杆在D位时起作用。锁止离合器解除锁止的时机有三个:制动开关产生制动信号,即制动;节气门位置传感器怠速触点IDL闭合;冷却液温度低于60℃。

(2)锁止离合器主要作用是提高汽车高速行驶时的燃油经济性(传动效率提高)。如美国Chrysler公司1978年以后生产的Torque fliite自动变速器装在该公司生产的全部轿车上,按照美国环保局(EPA)规定的燃油经济性试验规范,液力变矩器设置锁止离合器之后,在城市和公路上节省燃油分别为4%和6%。由此可看出,在使用自动变速器时,应尽量发挥锁止离合器的效能(尽力满足锁止离合器的使用条件)。

7)超速驱动

(1)大多数的四前进挡自动变速器的第四挡是超速挡,而且超速挡的传动比较小。如德国宝马系列自动变速器ZF4HP-22传动比是0.73,丰田系列皇冠Crown3.0装用的A42DL自动变速器传动比为0.686。由于超速挡的传动比小,因此在平坦的沥青路上小负荷行驶时,发动机转速与直接挡时相比几乎下降1/3。比如BMW-7系列轿车,当车速160km/h时发动机的转速只有3020r/min,从而不但降低了油耗,而且也使发动机的噪声和磨损明显下降。

但是使用超速挡是有条件的,超速挡开关(O/D)接通,冷却液温度达到70℃以上,另外道路负荷条件达到要求,车速能达到一定数值。如福特的装有AOT的Iincoln Msrk Ⅵ

型汽车,在车速达到60km/h以上,超速挡工作,降低油耗的效果比较明显。

(2)装有带超速挡的自动变速器汽车,其正确的操作程序是:换挡杆置于驻车挡(P)或空挡(N),起动发动机,将换挡杆置于前进挡(D),同时把超速开关接通(其位置在仪表板或换挡杆上);平缓地加大加速踏板,使汽车加速,直到自动升挡到2挡、3挡和超速挡;如果冷却液温度达不到要求或超速开关断开,就只能使汽车在3挡行驶而不会升至超速挡。

若是汽车下坡行驶需要利用发动机制动或是爬慢长坡时,变速器可能在3挡与超速挡之间反复升挡降挡,此时应将超速挡开关切断,待脱离上述工况后,再把超速挡开关接通。

三 学习拓展

怎样正确维护自动变速器?

❶ 经常检查自动变速器油

自动变速器对油液的要求极其严格,它要求油液不仅有润滑、清洗、冷却作用,还应具有传递转矩和传递液压以控制离合器、制动器的工作性能,所以自动变速器油是一种特殊的高级润滑油,通常称之为ATF,其型号有很多种,国内常见的有Ford标准F型和GM标准DEXRONⅡ型,使用时切记要认清。ATF型号不同,其摩擦系数就不一样。若该使用DEXRONⅡ型而错用为F型,则会使自动变速器发生换挡冲击和制动器、离合器突然啮合的现象。F型错用为DEXRONⅡ型则会引起自动变速器内离合器、制动器打滑,加速摩擦片早期磨损。

另外,自动变速器油量的检查也很重要,自动变速器的生产厂家不同,工作液的检查条件也不同。检查时一般都要求在变速器热态(油温50~80℃)时将汽车停放在水平路面上,发动机怠速运转(本田车规定发动机熄火),换挡杆放在P位(日产车允许放在N位),此时抽出油尺擦净后重新插入再拔出检查,油面应达到油尺上规定的上限刻度附近为准。

油质的检查,一般使用和维护人员因无检测设备,只能从外观上判断,可用手指捻一捻,感觉一下黏度,用鼻子闻一闻气味如何,若已变色或有烧焦的气味,则应更换新油。

❷ 自动变速器油的更换

多数自动变速器要求定期换油,换油周期一般为2万~4万km。放油前,应将变速器预热到工作温度,以便降低油的黏度,确保油内杂质和沉淀物随油一起排出。在预热和加油过程中,汽车应停放在水平地面,并拉紧驻车制动器操纵杆。

放完油后,视情况拆下油底壳,彻底清洗油底壳和过滤器滤网,然后再将油底壳装好。加油时,先从加油口注入工作液达到规定的标准,起动发动机,在发动机怠速运转的情况下,移动换挡杆经所有的挡位后回到P位,这样可使变速器迅速地热起,然后再加油。

❸ 检查手动换挡机构

手动换挡机构从换挡杆到手动阀是通过连杆或拉线连接起来的,均有调整部位。手动手柄的位置应与自动变速器内的弹簧卡片位置一一对应,若不对应则需调整。手动换挡机构的调整往往被忽视,有时自动变速器修理结束后,由于没有调整换挡机构,最后导致换挡冲击力过大,甚至会造成事故。

④ 制动带的调整

自动变速器的制动带为可调结构的均需调整,以补偿其正常磨损。制动带的调整应遵照厂家的技术规定,调整后可通过道路试验判断调整的结果。制动带调整的作业位置,视变速器的型号而不同。

⑤ 驻车挡的制动性能检查

在坡道上停车,应将换挡杆置于 P 位,此时松开制动踏板,汽车应不会自行滑下。若需要将换挡杆从 P 位移开,应记住必须先踩下制动踏板,否则会摘不下来,因此在驻车挡无制动性能时,应检查维修。

四 评价与反馈

❶ 自我评价

(1)通过本学习任务的学习你是否已经清楚以下理论问题:

①自动变速器的优点有哪些?

_____。

②自动变速器各个挡位的作用是什么?

_____。

(2)自动变速器性能认识操作过程中用了哪些设备?

_____。

(3)实训过程完成情况如何?

_____。

(4)通过本学习任务的学习,你认为自己的知识和技能还有哪些欠缺?

_____。

签名:_____   ____年___月___日

❷ 小组评价(表2-1)

小组评价表　　　　　　　　　表2-1

序号	评价项目	评价情况
1	着装是否符合要求	
2	是否能合理规范地使用仪器和设备	
3	是否按照安全和规范的流程操作	
4	是否遵守学习、实训场地的规章制度	
5	是否能保持学习、实训场地整洁	
6	团结协作情况	

参与评价的同学签名:_____   ____年___月___日

❸ 教师评价

_____
_____。

教师签名：_____　　　_____年___月___日

五 技能考核标准

根据学生完成实训任务的情况对学习效果进行评价。技能考核标准见表2-2。

技能考核标准表　　　　　　　　　　　　　　表2-2

序号	项目	操作内容	规定分	评分标准	得分
1	自动变速器挡位认知	安全确认	8分	确认车辆停放平稳2分；安装车轮挡块2分；确认驻车制动已拉紧2分；确认换挡杆位于P位2分	
		挡位认知	30分	能认识P位5分；能认识R位5分；能认识N位5分；能认识D位5分；能认识2位5分；能认识1或L位5分	
2	发动机起动及加速踏板的正确使用	P位或N位起动	12分	试图用其他挡位起动扣6分	
		起步时应先挂挡后踩加速踏板	20分	先踩加速踏板后挂挡不得分；踩着制动踏板或者还未松开驻车制动就猛踩加速踏板不得分	
		换挡杆置于行驶挡位，应慢慢踩下加速踏板	15分	猛踩加速踏板扣10分	
		在升高挡或降低挡的瞬间，不应再猛烈地加踩加速踏板	15分	加踩加速踏板扣10分	
	总　　分		100分		

项目二　自动变速器变速原理的认识

学习任务3　液力变矩器的认识

学习目标

★ **知识目标**
1. 了解液力变矩器的组成、作用；
2. 了解液力变矩器的工作原理。

★ **技能目标**
1. 认识液力变矩器的泵轮、导轮、涡轮、单向离合器、锁止离合器；
2. 掌握液力变矩器的检修方法。

建议课时

8课时。

任务描述

一辆装备自动变速器的车辆，当车辆在30～50km/h时加速不良，车速上升缓慢，过了低速区后加速良好，经诊断确认是液力变矩器中支承导轮的单向离合器打滑，更换液力变速器后故障排除。

一　理论知识准备

 液力变矩器的功用

液力变矩器安装在发动机的飞轮上，其作用是将发动机的动力柔和地传递给自动变速器中齿轮变速机构,并在一定范围内实现自动增扭,自动变速器的传动效率主要取决于液力变矩器的结构和性能。

❷ 液力耦合器的结构

简单的液力耦合器由三个基本元件组成:壳体、泵轮和涡轮(图3-1),另外还有一个引导工作液的导环。泵轮和涡轮的形状就像一个圆环的两半,沿直线方向布置有从中心向外辐射的叶片。液力耦合器壳体内充满了工作油液(ATF),除后端与机油泵连接以外,其余部分是密封的。液力耦合器壳体与发动机飞轮连接,泵轮叶片直接连接在壳体上,是液力耦合器的动力输入元件。位于壳体内的涡轮中心部分通过花键与变速器输入轴相连,是液力耦合器的动力输出元件。导环的作用是引导油流运动方向,减少内部损失,提高传动效率。

(1)液力耦合器的工作原理。液力耦合器液力传递原理如图3-2所示,两个电扇A和B之间保持几厘米的距离相对而设,电扇A电源接通后开始转动,虽然电扇B的电源处于断开状态,但从电扇A吹出的空气推动电扇B的叶片,带动电扇B旋转。电扇A和B通过空气实现了动力传递。

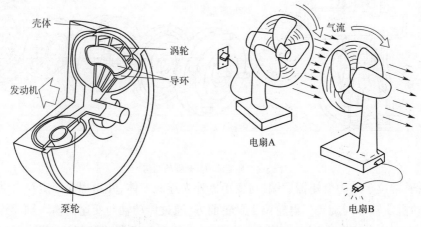

图3-1 液力耦合器的结构　　图3-2 动力传递原理

液力耦合器的工作过程就类似两个电扇的工作过程,泵轮相当于电扇A,涡轮相当于电扇B,而且泵轮和涡轮之间距离非常近,自动变速器油液作为动力传递介质相当于空气。当泵轮在发动机的带动下高速旋转时,油液被泵轮叶片带动从泵轮叶片外边沿高速甩出,冲击到涡轮的叶片上,带动涡轮高速旋转,对外输出动力。

(2)液力耦合器的工作效率。在液力耦合器传递动力过程中,存在着能量损失。如图3-3所示,工作液从泵轮流至涡轮,驱动涡轮与发动机同向旋转输出动力。当工作液流回到泵轮时,其流动方向变为与泵轮的转向相反,使发动机的运转阻力增加。另外,工作液流动时,以多种方向回跳和散射,致使工作液流动受到干扰,这种现象称为冲击损失。其次,工作液的动能还会因为摩擦而转换为热能,增加了变矩器的热负荷,产生能量损失。因此,涡轮输出转矩始终小于泵轮输入转矩。

❸ 液力变矩器的组成

典型液力变矩器的结构如图3-4所示,液力变矩器通常由三个元件[泵轮(B)、涡轮

(W)导轮(D)]及锁止离合器构成。

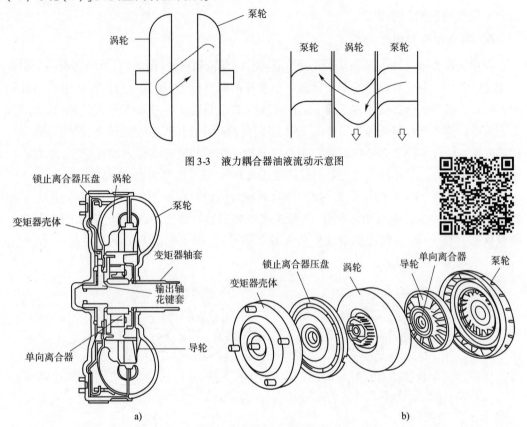

图 3-3 液力耦合器油液流动示意图

图 3-4 典型液力变矩器的结构

泵轮通常位于液力变矩器后端,与变矩器外壳连成一体,并用螺栓固定在发动机飞轮上,与发动机曲轴一同旋转。涡轮位于泵轮前方,通过传动轴与变速器输入轴相连。导轮则通过单向离合器安装在固定套管上。所有工作轮在变矩器装配好后,共同形成环形内腔,其间充满工作液。从结构上看,液力变矩器与液力耦合器的主要区别在于液力变矩器除了泵轮外,增加了导轮、单向离合器及锁止离合器。

4 液力变矩器的工作原理

(1)导轮的作用。由图 3-3 可以看出,从涡轮回流的油流方向与泵轮的旋转方向相反,阻止了泵轮的旋转,能量损失较大。导轮可以引导油流方向,并使涡轮的转矩增大 2~4 倍,如图 3-5 所示。

当涡轮转速较低或为零时,泵轮高速旋转,将液流射入涡轮,作用力为 F_a,液流又沿涡轮叶片高速冲击导轮叶片的正面(凹面),因导轮被单向离合器锁止,不能反转,其射流力的反作用力 F_b 又反传给涡轮叶片。所以,作用在蜗轮上的转矩不仅有泵轮转矩,还有导轮反作用转矩,这就是变矩器能使转矩增大的原理,$F_c = F_a + F_b$。由此看来,当单向离合器打滑时,液力变矩器将失去增矩作用,射流力将对泵轮"加载"。

(2)单向离合器。

项目二 自动变速器变速原理的认识

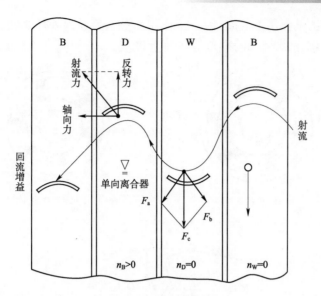

图 3-5 导轮作用图解

① 单向离合器的结构。单向离合器有很多种形式,目前最常见的是滚柱斜槽式和楔块式两种。

② 滚柱斜槽式单向离合器。滚柱斜槽式单向离合器由外环、内环、滚柱、复位弹簧等组成(图3-6)。外环的内表面制有与滚柱相同数目的楔形槽,内外环之间的楔形槽内装有滚柱和弹簧。弹簧将各滚柱推向楔形槽较窄的一端。当外环相对于内环朝顺时针方向转动时,在刚开始转动的瞬间,滚柱便在摩擦力和弹簧力的作用下被卡死在楔形槽较窄的一端,于是内外环相连接为一个整体,不能相对转动,此时单向离合器处于锁止状态。反之,单向离合器脱离锁止而处于自由状态。

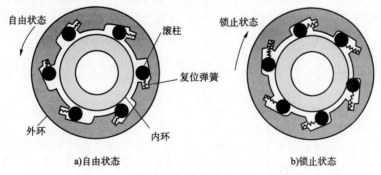

a) 自由状态　　　　　　　　　　b) 锁止状态

图 3-6 滚柱斜槽式单向离合器

单向离合器的锁止方向取决于外环上楔形的方向。在装配时不可装反,否则会改变其锁止方向,使行星齿轮变速器不能正常工作。

③ 楔块式单向离合器。楔块式单向离合器的构造和滚柱斜槽式单向离合器相似,也有外环、内环、滚子(楔块)等(图3-7)。不同之处在于,它的外环或内环上没有楔形槽,其滚子不是圆柱形的,而是特殊形状的楔块。楔块在一个方向上的尺寸 A 略大于内外环之间的距离 B,而另一个方向上的尺寸 C 则略小于 B。当外环相对于内环朝顺时针方向旋

19

转时,楔块在摩擦力的作用下立起,因自锁作用而被卡死在内外环之间,使内环和外环无法相对滑转,处于锁止状态。反之,则处于自由状态。

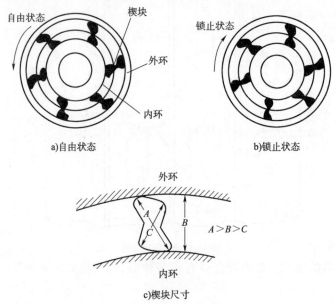

图 3-7　楔块式单向离合器

(3) 单向离合器的作用。

由图 3-8 所示看出,当涡轮转速为零或很低时,在射流速度 V_C 的方向冲击导轮正面,产生反作用力矩,使涡轮转矩增大。图中 V_A 代表在涡轮静止时油流沿涡轮叶片线方向流出的速度,V_B 代表油流随涡轮一起旋转是速度,两者的合成即为射流速度 V_C。随着涡轮转速的提高。如图 3-9 所示,射流速度 V_C 逐渐转向冲击导轮反面,回流到泵轮的油流方向与泵轮转向方向相反,形成有害力,造成能量损失,安装单向离合器可以减少由此而造成的能量损失。

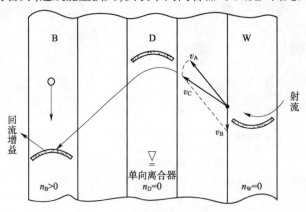

图 3-8　单向离合器的作用图解(1)

5　液力传动的特性

液力传动的特性就是发动机的转速(n_e)和转矩(M_e)一定,泵轮的转速(n_b)和转矩(M_b)也一定时,涡轮与泵轮之间的变矩比(K)、转速比(i)和传动效率(η)三者的变化关系。

项目二　自动变速器变速原理的认识

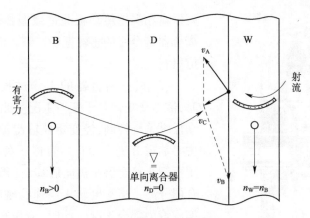

图3-9　单向离合器的作用图解(2)

变矩比(K) = 涡轮输出转矩/泵轮输入转矩 = M_w/M_b　(2~4范围内)

转速比(i) = 涡轮转速/泵轮转速 = $n_w/n_b \leq 1$　(0.8~0.9最佳)

传动效率(η) = 涡轮输出功率/泵轮输入功率 = $P_w/P_b < 1$

从特性曲线(图3-10)可以看出：

(1)失速点。涡轮固定不动而泵轮仍在旋转(即转速比为零)时的工况称为失速工况。失速转速是涡轮处于静止时发动机所能达到的最高转速、失速发生在汽车起步或汽车停车时。大多数液力变矩器的失速转速为2000~3000r/min。失速工况下泵轮和涡轮之间的转速差达到最大值，变矩比通常为1.7~2.5，满足车辆起步的需要。

(2)耦合点。随着涡轮转速的逐渐上升，涡轮与泵轮之间的转速差开始减小。当涡轮转速达到一定值时，从涡轮流出的工作液开始以高速冲击导轮叶片的反面，导轮开始转动，由导轮增大的转矩量减小，此时变矩比大约为1:1。导轮开始转动的转速点称为耦合点。

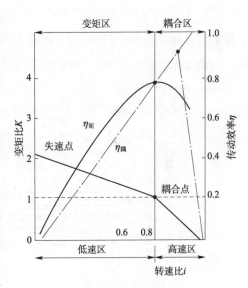

图3-10　液力传动特性曲线

❻ 带锁止离合器的液力变矩器

从液力变矩器的液力传动特性(图3-10)可以看出，当转速比较高进入耦合区工作时，变矩器没有增矩作用。再者，动力传递过程中液压油的摩擦、冲击也会引起动力损失。所以，液力变矩器与机械变速器相比，经济性较差。在液力变矩器中设置锁止离合器用机械方式将泵轮和涡轮连接在一起，可以实现100%的动力直接传递，提高传动效率。

(1)锁止离合器的结构。锁止离合器的结构如图3-11所示。锁止离合器位于涡轮前端，由锁止活塞、减振盘和涡轮传动板等组成。锁止活塞和减振盘用键连接，可前后移动。

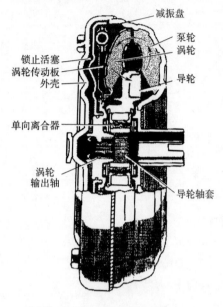

图 3-11 带锁止离合器的液力变矩器

减振盘和涡轮传动板通过减振弹簧固定,能够衰减离合器接合时的扭转振动。锁止活塞前面附着有摩擦材料。

(2)锁止离合器的工作过程。车辆低速行驶时,液力变矩器处于变矩工况。此时,ATF 由液压自动操纵系统控制,经变矩器输出轴(变矩器输入轴)中心油道 B 进入锁止离合器压盘前部,在油压的作用下锁止离合器压盘向后移动[图 3-12a)],锁止离合器分离。当车辆转入高速行驶时,液力变矩器转换成液力耦合工况。此时,液压自动操纵系统控制通向变矩器的液流反向流动,即 ATF 由导轮轴套上油道 C 流入变矩器内部,经变速器输入轴中心油道 B 排出,推动锁止离合器压盘前侧油压低,后侧油压高,产生油压差,推动锁止离合器压盘向前移压靠在前壳体上[图 3-12b)],锁止离合器接合,泵轮与涡轮被机械地锁止在一起,提高了高速下液力变矩器的传动效率。

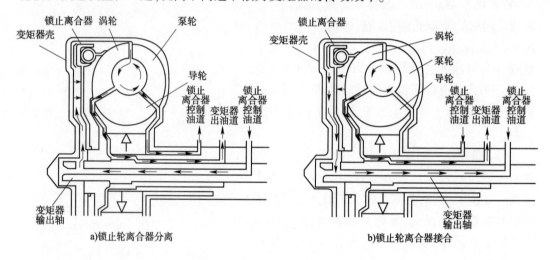

a)锁止轮离合器分离　　b)锁止轮离合器接合

图 3-12 锁止离合器的工作过程

二 任务实施

1 准备工作

(1)工具:常用工具一套、百分表一套、液力变矩器专用工具。
(2)设备:空气压缩机、操作台、液力变矩器 1 台。
(3)维修手册、工作记录表、评分表。
(4)操作平台、新抹布、新 ATF。
(5)填写车辆基本信息表,见表 3-1。

项目二 自动变速器变速原理的认识

车辆基本信息表　　　　　　　　　　表 3-1

项　　目	具　体　信　息
车牌号码	
行驶里程	
发动机型号及排量	
车辆识别代码（VIN）	

❷ 技术要求与注意事项

（1）液力变矩器外观无明显有过高温烧蚀现象、无明显损伤、无裂纹。

（2）液力变矩器驱动油泵的轴套缺口无损伤、无烧蚀。

（3）正确使用百分表和液力变矩器专用工具。

（4）检查单向离合器时应根据维修资料确定其能转动的方向。

（5）清洗液力变矩器时应检查自动变速器油的颜色有无异常、有无焦味、油中有无杂质。

（6）液力变矩器从车上拆下时应和变速器输入轴一起取下，以防损伤驱动油泵的轴套。

❸ 液力变矩器的检修操作步骤

（1）外观检查。

液力变矩器的外部无损坏和裂纹，轴套外径无磨损，驱动油泵的轴套缺口无损伤。如有异常，应更换液力变矩器。

（2）变矩器轴套的径向圆跳动检查。

如图 3-13 所示，将液力变矩器安装在发动机飞轮上，用百分表检查变矩器轴套的径向圆跳动。如大于规定值，应采用转换一个角度重新安装的方法予以校正，并在校正后的位置上做记号以保证安装正确。若无法校正，应检修发动机飞轮端面圆跳动或更换液力变矩器。

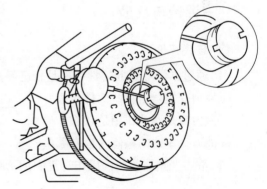

图 3-13　液力变矩器轴套偏摆量检查

（3）检查导轮的单向离合器。

单向离合器的检查主要依据失速试验，分解后检查变矩器时可以按照如下方法进行：将变矩器立起，转动单向离合器的内圈，顺时针自由，逆时针有阻尼。但也有的车型相反，如本田雅阁轿车。

（4）液力变矩器的清洗。

倒出变矩器中残留的 ATF；向变矩器内加入 2L 干净的 ATF，摇动变矩器，以清洗其内部，然后将 ATF 倒出；再次加入 2L 干净的 ATF，清洗后倒出。

三 学习拓展

1 液力变矩器的输出转矩

液力变矩器的输出转矩须与发动机的最大输出转矩匹配。若匹配不当,则不能充分发挥发动机的输出转矩性能,降低使用效率,导致燃油消耗增加,并可能使转动发生抖动,甚至停动。

(1)变矩器的直径越大,转矩随转速的变化越快。

(2)发动机的最大转矩越大,其使用的变矩器直径应越大。

(3)应严格按厂家规定使用变矩器与发动机匹配。

2 自动变速器的拆卸方法

不同车型的自动变速器的拆卸方法有所不同,一般情况下都是先关闭汽车的点火开关,拆下蓄电池搭铁线,放掉自动变速器内的液压油,然后按下列步骤进行拆卸:

(1)拆下换热挡机构与变速器的连接,拔下自动变速器上的所有线束连接器;

(2)拆去排气管中段,拆除自动变速器下方的护罩、护板等;

(3)依次拆下飞轮与变矩器的连接螺栓;

(4)拆下起动机;

(5)拆下自动变速器与车架的连接支架,将变矩器和自动变速器一同拆下,在抬下自动变速器时,应扶住变矩器以防滑落;

(6)在拆卸前驱自动变速器时,应先拆除变速器上方的有关部件,如蓄电池、左右前轮半轴等。

四 评价与反馈

1 自我评价

(1)通过本学习任务的学习你是否已经清楚以下理论问题:

①液力变矩器由哪些部件组成?_____。

②液力变矩器的作用是什么?_____。

③液力变矩器的检修内容有哪些?_____。

(2)液力变矩器的检修操作过程中用了哪些设备?

_____。

(3)对液力变矩器的检修基本操作实训过程,你完成了多少?情况如何?

_____。

(4)通过本学习任务的学习,你认为自己的知识和技能还有哪些欠缺?

_____。

签名:_____　　_____年____月____日

❷ 小组评价(表3-2)

小组评价表　　　　　　　　　　　表3-2

序号	评价项目	评价情况
1	着装是否符合要求	
2	是否能合理规范地使用仪器和设备	
3	是否按照安全和规范的流程操作	
4	是否遵守学习、实训场地的规章制度	
5	是否能保持学习、实训场地整洁	
6	团结协作情况	

参与评价的同学签名:_____　　____年___月___日

❸ 教师评价

_____
_____。

教师签名:_____　　____年___月___日

五 技能考核标准

根据学生完成实训任务的情况对学习效果进行评价。技能考核标准见表3-3。

技能考核标准表　　　　　　　　　　　表3-3

序号	项目	操作内容	规定分	评分标准	得分
1	液力变矩器外观检查	前期准备	8分	工作操作平台干净整洁2分; 工具准备到位2分; 操作场地干净整洁2分; 工作页及记录本准备2分	
		安全准备	4分	液力变矩器放置稳固2分; 穿工作服及防护鞋2分	
		连接百分表	12分	检查百分表正常4分; 百分表校零4分; 连接百分表及表座2分; 清洁百分表及表座2分	
		记录车辆铭牌及相关信息	8分	VIN、车型、发动机型号、排量各2分; 变速器型号2分; 液力变矩器型号2分; 自动变速器油牌号2分	
		外观检查	20分	裂纹及明显损伤检查4分; 外壳是否有高温烧蚀现象检查4分; 变矩器中油质检查4分; 变矩器中油颜色检查4分; 变矩器中油杂质检查4分	

续上表

序号	项目	操作内容	规定分	评分标准	得分
2	液力变矩器轴套检测	百分表及表座	4分	百分表安装稳固2分； 表座连接安装稳固2分	
2	液力变矩器轴套检测	测量	20分	清洁测量点4分； 测量点正确4分； 正确读数4分； 正确判断测量值并记录4分； 清洁测量工具2分； 工具归位2分	
3	单向离合器检查	性能测试	14分	用专用工具2分； 顺时针转动测试4分； 逆时针转动测试4分； 正确判断单向离合器性能4分	
4	液力变矩器清洗	清洗	10分	废油回收2分； 加注量适宜2分； 操作有条有理2分； 注意清洁2分； 注意收拾整理2分	
	总 分		100分		

学习任务4　行星齿轮机构变速原理的认识

学习目标

知识目标

1. 了解行星齿轮机构传动比的计算；
2. 了解行星齿轮机构的基本组成；
3. 掌握辛普森行星齿轮机构各部分的连接关系，各挡动力传递路线、离合器、制动器的作用、结构、工作原理。

技能目标

1. 掌握依据维修手册分解和组装自动变速器的方法；
2. 掌握自动变速器变速机构的检修方法；
3. 掌握离合器、制动器的拆检方法。

 建议课时

8课时。

项目二 自动变速器变速原理的认识

一辆装备01M自动变速器的车辆,车辆在3挡升4挡过程中有换挡冲击,经检查发现离合器C3摩擦片磨损严重,对自动变速器进行大修后故障排除。

一 理论知识准备

1 变速器机构

手动变速器一般采用外啮合普通齿轮变速机构,而自动变速器一般用内啮合的行星齿轮机构。和普通手动变速器相比,在传递同样功率的条件下,内啮合行星齿轮机构可以大大减少变速机构的尺寸和质量;并可以实现同向同轴减速传动。此外,由于采用内啮合传动机构,自动变速器变速过程中动力不间断,加速性好,工作可靠。

行星齿轮机构按照齿轮排数不同,可以分为单排和多排行星齿轮机构,多排行星齿轮机构一般由几个单排行星齿轮机构组成。在自动变速器中一般应用2~3个单排行星齿轮机构组成一个多排行星齿轮机构,但单排行星齿轮机构是分析多排行星齿轮机构的基础。

1)单排行星齿轮机构及传动原理

(1)结构。单排行星齿轮机构由太阳轮、齿圈、行星轮、行星架等组成,行星轮轴固定在行星架上,齿圈、太阳轮、行星架三者旋转中心重合在一条直线上,如图4-1所示。行星轮既可绕自身轴线自转,也可随同行星架公转。行星轮既可绕自身轴线自转,也可随同行星架公转。

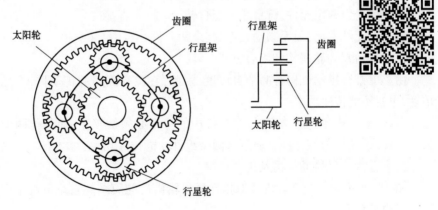

图4-1 单排行星齿轮机构

(2)传动比。单排行星齿轮机构的运动特性方程为

$$n_1 + \alpha n_2 - (1+\alpha)n_3 = 0$$

式中:n_1——太阳轮转速;
　　　n_2——齿圈转速;
　　　n_3——行星架转速;

α = 齿圈齿数/太阳轮齿数。

单排行星齿轮机构的传动比可以由上述特性方程推导计算,也可以按以下简便方法计算:

传动比(i) = 从动元件齿数/主动元件齿数

由于行星轮是内外啮合,其形量必大于齿圈,而行星架真实存在,但却没有齿数。因此设太阳轮齿数为 z_1,齿圈齿数为 z_2,想象中的行星架齿数为 z_c,那么行星架的齿数应为 $z_c = z_1 + z_2$。根据齿数的多少,三元件之间的大小关系即被确定为 $z_c > z_2 > z_1$(图4-1),根据图4-2按传动关系的不同,确定是降速挡或升速挡,进而掌握行星齿轮传动的规律。

① 制动齿轮。

太阳轮主动,行星架从动,降速,同向: $i = (z_2 + z_1)/z_1 > 1$ (2.5~5)

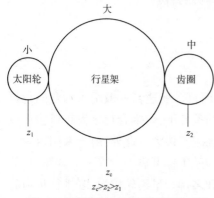

图4-2 行星齿轮系统三元件形量关系图

太阳轮从动,行星架主动,增速,同向: $i = z_1/(z_2 + z_1) < 1$ (多不用)

② 制动太阳轮。

齿圈主动,行星架从动,降速,同向: $i = (z_2 + z_1)/z_2 > 1$ (1.25~1.67)

齿圈主动,行星架从动,降速, $i = z_2/(z_2 + z_1) < 1 (0.6~0.8)$

③ 制动行星齿轮架。

太阳轮主动,齿圈从动,降速,反向: $i = z_2/z_1 > 1$ (1.5~4)

太阳轮从动,齿圈主动,增速,反向: $i = z_1/z_2 < 1$ (多不用)

④ 制动任意两个元件,行星轮不能自转, $i = 1$ (直接挡)。

⑤ 任一元件主动,而无制动元件,其余两元件必自由 (空挡)。

2) 单排行星齿轮机构的组合方式

由于单排行星轮机构有两个自由度,因此,它没有固定的传动比,不能直接用于变速传动,也就不能传递功率。

所以,行星排在传递功率时,三组件中的一个必须被锁止,使其他两个组件中的一个为主动件,另一个为从动件。通过这两个组件才能传递功率,也才有一个固定的传动比。

3) 辛普森行星排的结构及传动规律

图4-3所示为一个辛普森式双排行星齿轮机构的简图。它是由两个内啮合单排行星齿轮机构组合而成。

从图中可以看出,两个行星排共享一个太阳轮。称前后太阳轮组件1,前行星架和后齿圈固连为一体,称前行星架和后齿圈组件3,这个组件和输出轴5连接在一起。

经过这样的组合,本来两个行星排的六个基本组件就变成一个只有四个独立组件的行星齿轮机构。

4) 拉威挪行星齿轮机构

拉威挪行星齿轮系也叫组合式行星齿轮系,也是一种常用的行星齿轮机构,如图4-4

所示。它的最大的特点是在一个行星架上安装了相互啮合的两套行星齿轮(长行星轮、短行星轮)。短行星轮内与小太阳轮啮合,外与长行星轮啮合。长行星轮与齿圈、大太阳轮、短行星轮啮合。共有四个独立元件,即小太阳轮、大太阳轮、短星架、齿圈。

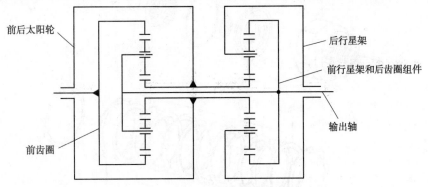

图4-3 辛普森式双排行星齿轮机构简图

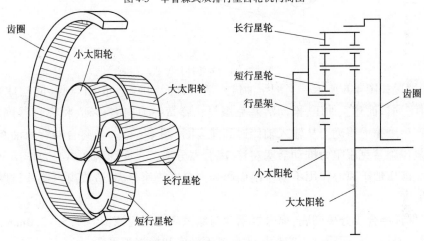

图4-4 拉威挪行星齿轮机构

2 变速机构中的换挡执行机构

内啮合式的行星齿轮机构,不管是辛普式的行星排或是拉威挪式的行星排,通过对行星排基本独立组件采取不同的约束,就可以改变传动关系而得到不同的传动比,使自动变速器得到不同的挡位。

对行星排各基本独立组件进行约束的机构,就是换挡执行机构。换挡执行机构由离合器、制动器和单向离合器组成。

1)离合器

离合器的作用是连接轴与轴、轴与行星排的任一元件或行星的元件,以实现动力传递。离合器为湿式多片结构,零件分解如图4-5所示,主要由离合器壳、活塞、复位弹簧、钢片、摩擦片、离合器壳等组成。离合器壳与输入轴通过花键相连或焊接为一体,内部装有活塞、复位弹簧及弹簧座。离合器壳内圆柱表面制有轴向槽,与钢片外边缘凸齿配合。摩擦片的单面或双面粘有摩擦材料,与钢片(或外齿摩擦片)交替排列,内边缘有凸齿,与离合器壳配合,通过离合器壳输出动力。

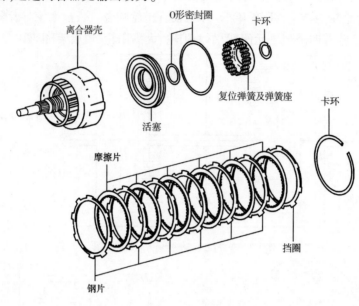

图 4-5 离合器零件分解图

工作情况如图 4-6 所示。当液压油进入活塞背面油腔时,止回球阀(防松球)在油压作用下封闭油口而建立油压,推动活塞克服复位弹簧弹力向右移动,将离合器钢片、摩擦片压紧,产生摩擦力将动力从输入轴传递到前齿圈(图 4-6a)。当离合器背面油腔液压油回流时,复位弹簧克服阻力推动活塞左移,离合器分离。止回球阀在离心力作用下打开泄油口,防止液压油于离心作用不易排出而影响离合器快速分离,造成离合器片过度磨损和换挡闯动。

为了保证离合器分离彻底,离合器钢片与摩擦片之间应该留有 1.5~2.0mm 的间隙。间隙过大,容易打滑,间隙过小容易导致分离不彻底和换挡不平顺。

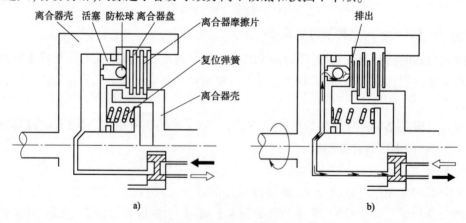

图 4-6 离合器工作原理图

有些离合器或制动器具有内、外两个活塞,如图 4-7 所示。当使用两个活塞时,离合器或制动器的额外转矩可根据传动齿轮和发动机产生的转矩变化。当油压施加于外活塞,由于它具有较大的承压面积,其传递的额定转矩较大;当油压施加于内活塞时,由于它的承压面积小,其传递的额定转矩较小。若在内活塞动作完成后再操作外活塞,就能用较小的由液压力(作用在外活塞)传递较大的转矩,而且能减小离合器接合时产生的冲击。

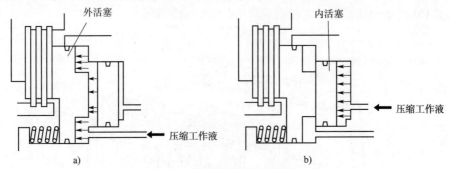

图 4-7 内外活塞离合器工作情况

2)制动器

制动器的作用是使行星排的任一元件与变速器壳体连接,使其静止,实现传动比的改变。

(1)湿式多片制动器。湿式多片制动器与离合器结构相同,只是摩擦片安装的部位(外壳的转鼓),不再赘述。

(2)带式制动器。如图4-8所示,带式制动器是一个内侧粘有摩擦材料的钢带。

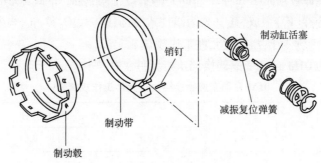

图 4-8 带式制动器零件分解图

制动带的一端固定在壳体上,另一端抵靠在液压伺服油缸的活塞上(图4-9)。当液压油充入伺服油缸时,产生对制动毂的夹紧作用力,制动带与制动毂之间产生摩擦,实现制动毂的制动作用。

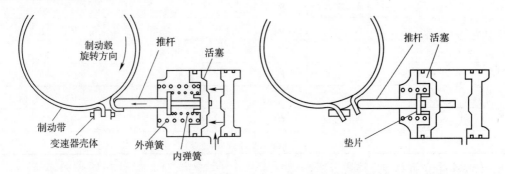

图 4-9 带式制动器的工作过程

油缸内有两个弹簧,活塞通过内弹簧推动推杆,可以起到减振、缓冲作用。外弹簧起到活塞复位作用。

3) 01M 自动变速器行星齿轮机构及各挡动力传递路线

(1) 01M 自动变速器行星齿轮机构简图,如图 4-10 所示。

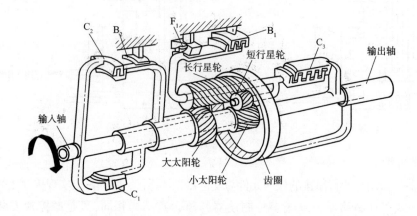

图 4-10 01M 自动变速器行星齿轮机构简图

01M 自动变速器行星齿轮机构由一排行星轮,三个离合器(C_1、C_2、C_3)、两个制动器(B_1、B_2)、一个单向离合器(F_1)组成,其中 F_1 为滚柱式结构,B_1、B_2、C_1、C_2、C_3 均为片式结构。

(2) 01M 自动变速器换挡执行元件工作规律。

表 4-1 所列为 01M 自动变速器换挡执行元件工作规律。

01M 自动变速器换挡执行元件工作规律表   表 4-1

换挡手柄位置	挡 位	换挡执行元件					
		C_1	C_2	C_3	B_1	B_2	F_1
D	1	0					0
	2	0				0	
	3	0	0				
	0/D			0		0	
3	1	0					
	2	0				0	
	3	0	0				
2	1	0					
	2	0				0	
1	1	0					
R	倒挡			0		0	

(3) 各挡位动力传递路线分析。

各挡位动力传递路线分析如下:

①1挡:输入轴(顺时针)→C_1(顺时针)→小太阳轮(顺时针)→短行星轮(逆时针)(由于齿圈阻力较大,行星架将逆时针转动,被F_1锁止)→长行星轮(顺时针)→齿圈(顺时针)→输出轴(顺时针)。

②2挡:输入轴(顺时针)→C_1(顺时针)→小太阳轮(逆时针)→短行星轮(逆时针)→长行星轮(顺时针)(制动器B_1锁止大太阳轮行星架顺时针转动)→齿圈(顺时针)→输出轴(顺时针)。

③3挡:输入轴(顺时针)→C_1(顺时针)→小太阳轮(顺时针)→齿圈(顺时针)→输出轴(顺时针)。

↘C_3(顺时针)→行星架(顺时针)↗

④O/D挡:输入轴(顺时针)→C_3(顺时针)→行星架(顺时针)(太阳轮被B_2制动)→长行星齿轮(顺时针)→齿圈(顺时针)→输出轴(顺时针)。

⑤倒挡:输出轴(顺时针)→C_2(顺时针)→大太阳轮(顺时针)(行星架被B_1制动)长行星轮(逆时针)→齿圈(逆时针)→输出轴(逆时针)。

由上分析可以看出:01自动变速器只在D位1挡没有发动机制动作用,其余挡均有发动机制动作用。

二 任务实施

❶ 准备工作

(1)工具:常用工具一套、塞尺、游标卡尺、钢直尺、轴承顶拔器。

(2)设备:空气压缩机、操作台、抹布、机油盆、离合器专用工具。

(3)维修手册、工作记录表、评分表。

(4)01M自动变速器一台。

(5)相关多媒体设备。

(6)填写车辆基本信息表,见表4-2。

车辆基本信息表　　　　　　　　　　　　　　表4-2

项　　目	具　体　信　息
车牌号码	
行驶里程	
发动机型号及排量	
车辆识别代码(VIN)	

❷ 技术要求及注意事项

(1)齿轮应无损伤、无烧蚀。

(2)齿圈与轴的花键无松旷。

(3)太阳轮与轴相连的衬套应无松旷。

(4)止推垫圈无毛刺、无变形。

（5）轴承无松旷和变形，无烧蚀现象。

（6）钢片无变形、无烧蚀。

（7）摩擦材料无脱落、无烧焦现象。

（8）单向球能自由运动。

（9）活塞密封圈无老化、无损伤。

（10）活塞复位弹簧无变形及错位。

3 行星齿轮机构、换挡执行元件的检修操作步骤及原因分析

行星齿轮机构的检修包括齿轮、轴和轴承的检修。

1）齿轮的检修

齿轮机构可能发生的损坏主要是轮齿折断、轴承磨损、齿轮过载。同时应注意其前后两侧相邻部件的检查，尤其是磨损部件。

（1）齿轮。应检查齿轮有无轮齿的碎裂及折断；检查齿轮的端面是否有烧蚀的斑点。

（2）行星架。检查行星架机构有无松动，可以轻轻旋转检查每一个齿轮，感觉滚针轴承的表面粗糙度。径向晃动行星轮看是否在轴上松动，如果松动会使行星轮在承载时抖动；检查行星架是否有变形、裂纹和变色，若有，需要更换行星架；用塞尺检查行星轮的轴向间隙。一般情况下，此值为 0.15~0.70mm，极限值为 1mm。

（3）齿圈。检查齿圈与中部连接花键的配合是否松旷，有无断裂或扭曲；检查与止推垫圈或轴承接触部位是否有毛刺及变形。

（4）太阳轮。检查太阳轮与相应的轴相连接的衬套是否有松动；检查太阳轮的配合是否松旷，有无断裂；检查与止推垫圈或轴承接触部位是否有毛刺及变形。

2）离合器、制动器的检修

（1）多片式摩擦片的损坏形式及原因分析。在自动变速器油中浸泡 40min 后呈暗红色，使用较短时间，（一般为 5000~20000km），摩擦片表面颜色不应改变。随着使用时间的延长，摩擦片与钢片之间相互摩擦，一般变成浅褐色。摩擦片与钢片之间出现打滑现象后，摩擦将会变得异常剧烈，非常容易导致摩擦片变成黑色，即离合器片烧蚀。

另外，摩擦片表面上开有沟槽，主要用来引导工作液及蒸气的流向，增大摩擦系数。通过沟槽的深度变化情况可以了解摩擦片磨损程度。摩擦片的性能主要取决于摩擦片材料的类型、ATF 牌号、钢片的表面质量及离合器的接合速度，所以在更换 ATF 时一定要使用生产厂推荐的牌号和等级的 ATF。

摩擦片的损坏形式如下：

①摩擦片烧焦、炭化、颜色变黑。摩擦片长时间使用后，表面颜色有轻微变化和磨损是正常的。摩擦片烧焦后颜色变黑，用指甲可轻易将摩擦材料刮掉，严重时能露出内部的薄钢板。多组摩擦片烧蚀由高温引起，而引起高温的主要原因有两个：一是自动变速器散热不良引起油温过高。这时应该检查自动变速器的散热或自动变速器内部的散热器旁通阀。自动变速器的工作油温，一般应该与发动机冷却液温度相近或稍高于冷却液温度，其限制值应该低于 115℃；二是离合器打滑引起大量的摩擦热，在拆检自动

变速器时,要注意观察其他离合器是否也存在摩擦片烧焦的现象,若存在,则要重点检查液力变矩器、油泵、压力调节阀及主油路等影响全局的元件或油道有无泄漏而造成油压过低。

②单组摩擦片烧焦。单组摩擦片烧焦的故障范围大大缩小,应重点检查与此组摩擦片有关的工作部件状况。引起单组摩擦片烧焦的原因有:一是活塞密封圈损坏,造成液压缸压力过低,摩擦片始终处于打滑状态。行驶里程较长、密封圈老化造成泄漏的车辆,容易出现这种故障。如果是大修后的自动变速器也出现此类故障,往往是密封圈装反,没安装到位;二是离合器自由间隙过小,造成摩擦片与钢片始终处于接合状态,加速摩擦片的磨损,一般离合器的自由间隙在0.5~1.5mm之间。装配时按照维修手册上给出的标准,并且使用塞尺测量间隙;三是单向阀损坏,单向阀卡住或者单向阀滤网上有脏物,液压缸内的工作液不能及时流出,摩擦片与钢片处于接合状态,引起摩擦,造成摩擦片损坏。

(2)摩擦片剥落。摩擦片上的粉末冶金层或合成纤维层不均匀的脱落,此种现象常见于大修后的自动动变速器。故障的主要原因有:摩擦片未经过自动变速器油中浸泡即装配使用。离合器开始工作时,工作液只能达到摩擦片的表面,而不能立即浸入里层。这样,在传递转矩时,极易因为外膨胀量的不同而使摩擦片的粉末冶金或合成纤维层脱落;摩擦片品质有问题,所使用的摩擦片不符合原厂要求。

(3)摩擦片表面硬化。如果摩擦片表面没有迹象,应该挤压每一个离合器片看其表面涂料中是否存在油液。如果挤压时表面出现油液,说明摩擦片表面没有硬化。保持油液是摩擦片正常工作的基础,油液冷却表面并润滑摩擦片的表面,使离合器片避免摩擦热烧蚀。表面硬化是烧毁的前兆。

3)离合器活塞损坏形式及原因

离合器(含多片式制动器)活塞的损坏有以下几种。

(1)活塞密封圈破损。这是离合器活塞最常见的损坏形式,也是造成单组离合器烧坏的主要因素。其主要原因有:检修间隔周期较长,造成橡胶密封圈老化;散热不好,油温过高,导致橡胶密封圈硬化;在安装时密封圈受伤。

(2)活塞复位不良。活塞复位速度慢或不能复位,主要原因是复位弹簧弹力不足、弹簧折断、复位弹簧安装方向或位置不正确等。

三 学习拓展

现代汽车自动变速器的齿轮传动装置广泛采用行星齿轮机构,它是自动变速器动力传递的主要执行者,在进行自动变速器解体维修时,需要对行星齿轮机构进行检测。

行星轮名称的由来:当行星齿轮机构运转时,空套在行星架上的行星齿轮轴上的几个行星轮一方面可以绕着自己的轴旋转,另一方面又可以随着行星架绕着太阳轮回转,就像天上行星的运动那样,兼有自转和公转两种运动状态,行星轮的名称因此而来。

在分析自动变速器挡位动力传递路线时,有一些挡位有发动机制动作用,发动机制动作用是利用发动机的牵阻作用减慢车速,挡位越低牵阻作用越明显,制动性越强。在下长坡道路行驶,挂入低挡利用发动机的牵阻作用可以减少制动器的负担和减少制动次数,防止制动过热引起制动力热衰减;在冰雪、泥泞的路面上行驶,就应用发动机牵阻制动可以防止侧滑。

四 评价与反馈

1 自我评价

(1)通过本学习任务的学习你是否已经清楚以下理论问题:

①液力变矩器可以减速增矩,为什么还要采用齿轮变速机构?

_____

②齿轮变速机构的作用是:

_____

(2)变速机构的检修操作过程中用了哪些设备?

_____

(3)对变速机构的检修基本操作实训过程,你完成了多少?情况如何?

_____

(4)通过本学习任务的学习,你认为自己的知识和技能还有哪些欠缺?

_____

签名:_____   ____年___月___日

2 小组评价(表4-3)

小组评价表　　　　　　　　　　表4-3

序号	评价项目	评价情况
1	着装是否符合要求	
2	是否能合理规范地使用仪器和设备	
3	是否按照安全和规范的流程操作	
4	是否遵守学习、实训场地的规章制度	
5	是否能保持学习、实训场地整洁	
6	团结协作情况	

参与评价的同学签名:_____   ____年___月___日

3 教师评价

_____

教师签名:_____   ____年___月___日

五 技能考核标准

根据学生完成实训任务的情况对学习效果进行评价。技能考核标准见表4-4。

项目二 自动变速器变速原理的认识

技能考核标准表 表4-4

序号	项目	操作内容	规定分	评分标准	得分
1	行星齿轮机构检修	前期准备	8分	工作操作平台干净整洁2分； 工具准备到位2分； 操作场地干净整洁2分； 工作页及记录本准备2分	
		安全准备	4分	齿轮机构放置稳固2分； 穿工作服及防护鞋2分	
		记录车辆铭牌及相关信息	6分	VIN、车型、发动机型号、排量各2分； 变速器型号2分； 自动变速器油牌号2分	
		齿轮	8分	有无损伤、断裂4分； 有无烧蚀4分	
		行星架	12分	径向晃动是否松动4分； 有无裂纹、变形4分； 轴向间隙是否正常4分	
		齿圈	12分	与花键配合是否松旷4分； 与止推垫圈处有无毛刺4分； 有无明显损伤4分	
		太阳轮	12分	与之相连衬套是否松动4分； 与止推垫圈接触处有无毛刺4分； 有无明显损伤4分	
2	离合器检修	摩擦片	8分	有无烧焦、变色4分； 有无摩擦材料脱落4分； 表面硬化4分	
		活塞组件	20分	活塞有无明显磨损4分； 单向球是否自由转动4分； 活塞密封圈有无老化4分； 活塞密封圈有无损伤4分； 活塞复位弹簧是否正常4分	
3	5S		10分	操作有条有理2分； 注意清洁4分； 注意收拾整理4分	
	总 分		100分		

项目三　自动变速器液压元件的检修

学习任务5　阀体的拆装检修

学习目标

★ 知识目标
1. 叙述液压控制系统的组成及各部分功用；
2. 了解ATF油泵的结构及工作原理；
3. 了解液压控制系统阀体和阀门的结构原理。

★ 技能目标
1. 在教师的指导下，制订阀体拆卸和安装的计划，并按计划实施操作；
2. 学会查阅液压控制系统油路图。

★ 建议课时

6课时。

一辆行驶了8年的捷达自动变速器汽车，最近在上坡起步的时候会后溜，应怎样着手去检修。

一　理论知识准备

 液压控制系统的基本组成及各部分功用

1) 基本组成

液压控制系统的基本组成包括动力源、执行机构和控制机构三大部分。

(1) 动力源。液压控制系统的动力源是油泵(或称为液压泵),它是整个液压控制系统的工作基础。如各种阀体的动作、换挡执行元件的工作等都需要一定压力的 ATF。油泵的基本功用就是提供满足需求的 ATF 油量和油压。

(2) 执行机构。执行机构主要由离合器、制动器油缸等组成。其功用是在控制油压的作用下实现离合器的接合和分离、制动器的制动和松开动作,以便得到相应的挡位。

(3) 控制机构。控制机构包括阀体和各种阀,包括主调压阀、手动阀、换挡阀等。阀体可分为液力控制自动变速器阀体和电控自动变速器阀体。阀体主要由油压调节系统、控制参数系统、自动换挡控制系统、液力变矩器锁止系统等组成。典型的阀体如图5-1所示。

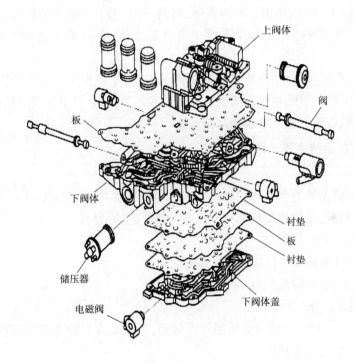

图 5-1 典型的阀体

液压控制系统还包括一些辅助装置,如用于防止换挡冲击的蓄能器、止回阀等。

2) 功用

液压控制系统主要有以下几个作用。

(1) 产生液压功能:油泵通过液力变矩器(发动机)的驱动产生自动变速所需的液压。

(2) 调节液压:通过油压调节阀调节油泵产生液压,以适应车辆的各种工况。

(3) 换挡控制:通过手动阀、换挡阀等改变油流方向,使不同的离合器和制动器接通或断开,实现换挡。

3) 自动变速器液压控制系统

自动变速器的液压控制系统中,设有多个不同压力的控制油路,并通过这些不同压力的控制油路来实现控制各种指令性动作、逻辑顺序动作、反馈控制动作等。

(1) 主油路压力：指油泵输出压力经过主油压调节阀调节后的油压，也有称为管路油压或管道油压，是自动变速器中最基本和最重要的油压。其作用有两个：一是用于控制变速器内的离合器和制动器的动作；二是用于进一步调节变速器内的其他压力。

(2) 发动机负荷信号油压：指节气门调节阀调节后的油压，也称节气门油压，用来反映发动机负荷大小的油压。

在一些电控自动变速器控制系统中，发动机负荷信号直接由电脑处理并由电脑发出各种控制命令。

(3) 车速信号油压：指在全液压控制自动变速器中，通过调速阀调节后的油压，用来反映车辆车速的高低。

(4) 变矩器工作油压：指由二次调节阀（副调节阀）调节而获得的油压，其作用是使变矩器能够实现正常的液力传动，操纵锁止离合器工作，并为变速器内各机械零件提供润滑。

(5) 蓄压器背压：在自动变速器的液压系统中，为了减少换挡时的冲击，设置了一种蓄压减振器。蓄压器背压，可根据需要进行控制和调节油压，从而实现对换挡执行元件活塞油压进行控制，以达到较好的换挡品质。

❷ 液压控制系统主要元件

1) 油泵

油泵提供油液至液力变矩器，润滑齿轮传动机构，并提供油压作用于液压控制系统，油泵必须在各种速度及倒挡时皆能充分供应所需要的油量(压)。

(1) 按安装位置分。

①FF 式汽车，油泵安装在自动变速器的后方。

②FR 式汽车，油泵安装在自动变速器的前方。

(2) 按使用数量分。

①仅采用一只油泵：由液力变矩器外壳带动，为目前大多数自动变速器所采用，其缺点为无法以推车来起动发动机。

②采用两只油泵：前泵（由发动机带动）与后泵（由变速器输出轴带动），此类变速器可以推车起动发动机，当汽车低速及倒车时，大部分由前泵供应，车速高时大部分则由后泵供应，两油泵的出油道皆设有一止回阀，可确保油液不会倒流入油压较低的油泵中，前后油泵皆与主油道相通。例如：Hydramatic。

(3) 按种类分。

①齿轮式油泵。图 5-2 所示为内啮合齿轮泵的结构、原理示意图。即内外齿轮间设置一半月形组件（堵住油液，并保持流向），内齿轮（主动）由液力变矩器的泵轮的驱动套筒驱动，因此与发动机同速回转，其油泵流动路线：发动机回转→泵轮内齿轮→外齿轮（从动）→内齿轮与外齿轮从啮合分开（吸油端）→内齿轮与外齿轮再度啮合（产生压力至出油端）。其优点是：有较大容积，构造简单，价格便宜，使用最多。

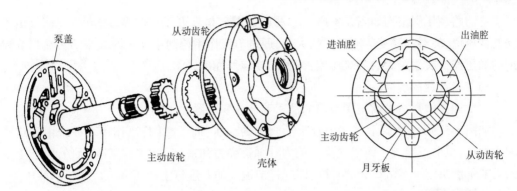

图 5-2 内啮合齿轮泵的结构、原理

②叶片式油泵。叶片式油泵构造如图 5-3 所示,在泵体中安装一有沟槽转子,沟槽上安装可滑动叶片,叶片可在沟槽中移动。其优点是:不产生脉动,流动较圆滑,动作声音较小,油泵的体积较小,可承受高速旋转。

(4)油泵使用应注意以下事项。

①发动机不工作,油泵不转,自动变速器无油压,即使在 D 位和 R 位,也不能靠推车起动发动机。

②长距离拖车时,由于发动机不转,油泵也不转,齿轮系统没有润滑油,磨损会加剧,因此要求车速慢、距离短。如丰田车系要求拖车车速不高于 30km/h,距离不超过 80km;奔驰车系要求拖车车速不高于 50km/h,距离不超过 50km。

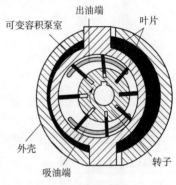

图 5-3 叶片式油泵

③变速器齿轮系统有故障或严重漏油时,牵引车辆应将传动轴脱开。对于前轮驱动的汽车,应将前轮悬空牵引。

2)主调压阀

液压油从油泵输出后,即进入主油路系统,油泵是由发动机直接驱动的,输出流量和压力均受发动机运转状况的影响,变化很大。当主油路压力过高时,会引起换挡冲击和增加功率消耗;而主油路压力过低时,又会使离合器、制动器等执行元件打滑,因此在主油路系统中必须设置主油路调压阀。其作用是将油泵输出压力精确调节到所需值后再输入主油路。应满足主油路系统在不同工况、不同挡位时,具有不同油压的要求。

(1)节气门开度较小时,自动变速器所传递的转矩较小,执行机构中的离合器、制动器不易打滑,主油路压力可以降低。而当发动机节气门开度较大时,因传递的转矩增大,为防止离合器、制动器打滑,主油路压力要升高。

(2)汽车低速挡行驶时,所传递的转矩较大,主油路压力要高。而在高速挡行驶时,自动变速器传递的转矩较小,可降低主油路油压,以减少油泵的运转阻力。

(3)倒挡的使用时间较少,为减小自动变速器尺寸,倒挡执行机构被制作得较小,为避免出现打滑,需提高操纵油压。

主油路调压阀结构如图 5-4 所示。油压的调节是靠电子控制调压,电磁阀调整出不同的油压值,使滑阀改变节流口 a 的大小,通过节流作用控制主油压的大小。节流口 b 泄出的油压经二次调压阀的节流作用,调整出变矩器油压。

3)二次调压阀

二次调压阀是把主调压阀泄出的油压调节成变矩器油压。

如图 5-5 所示,滑阀上端作用着手动阀来的油压,向下推阀,还作用着一个由油道来的主油压,也向下推阀。而向上推阀的力有弹簧弹力和来自主调压阀调节后的油压,上下两力的平衡决定了节流口 a 的开度,即通过节流口的开度将主油压调节成变矩器油压。

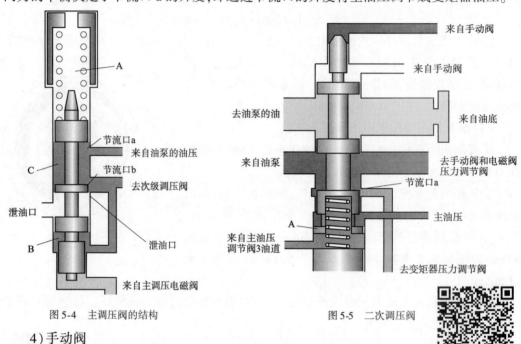

图 5-4 主调压阀的结构　　　　图 5-5 二次调压阀

4)手动阀

手动阀又称为手控阀或手动换挡阀,与驾驶室内的选挡杆相连,其功用是控制各挡位油路的转换。如图 5-6 所示,当驾驶人操纵选挡杆时,手动阀会移动,使主油压通往不同的油道。如当选挡杆置于 P 位时,主油压会通往 P、R 和 L 位油道;当选挡杆置于 R 位时,主油压会同时通往 P、R 和 L 位油道与 R 位油道;当选挡杆置于 N 位时,手动阀会将主油压进油道切断,使不会有主油压通往各换挡阀;当选挡杆置于 D 位时,主油压会通往 D、2 和 L 位油道;当选挡杆置于 2 位时,主油压会同时通往 D、2 和 L 位油道与 2 和 L 位油道;当选挡杆置于 L 位时,主油压会同时通往 D、2 和 L 位油道与 2 和 L 位油道及 P、R 和 L 位油道。

5)换挡阀

电控自动变速器换挡阀的工作由换挡电磁阀控制,其控制方式有两种:一种是加压控制,即通过开启或关闭换挡阀控制油路进油孔来控制换挡阀的工作;另一种是泄压控制,即通过开启或关闭换挡阀控制油路泄油孔来控制换挡阀的工作。加压控制方式的工作原理如图 5-7 所示,压力油经电磁阀后至换挡阀的左端。当电磁阀关闭时,没有油压作用在换挡阀左端,换挡阀在右端弹簧力的作用下移向左端,如图 5-7a)所示;当电磁阀开启时,压力油作用在换挡阀左端,使换挡阀克服弹簧力右移,如图 5-7b)所示,从而改变油路,实现挡位变换。

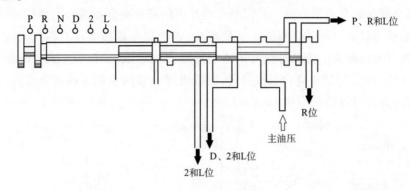

图 5-6 手动阀的结构

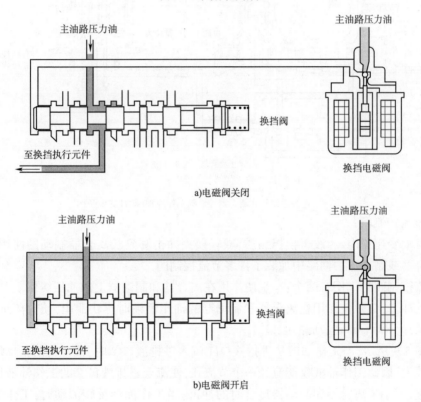

图 5-7 电控换挡阀工作原理

6) 锁止离合器控制阀

目前在一些新型电控自动变速器上,锁止电磁阀采用脉冲式电磁阀,ECU 可利用脉冲电信号占空比大小来调节锁止电磁阀的开度,以控制作用在锁止离合器控制阀右端的油压,由此调节锁止离合器控制阀左移时排油孔的开度,从而控制锁止离合器活塞右侧油压的大小,如图 5-8 所示。当作用在锁止电磁阀上的脉冲电信号的占空比为零时,电磁阀关闭,没有油压作用在锁止离合器控制阀的右端,此时锁止离合器活塞左右两侧的油压相同,锁止离合器处于分离状态。当作用在锁止电磁阀上的脉冲电信号较小时,电磁阀的开度和作用在锁止离合器控制阀右端的油压以及锁止控制阀左移打开的排油孔开度均较小,锁止离合器活塞左右两侧油压差以及由此产生的锁止离合器接合力也较小,使锁止离合器处于半接合状态。脉冲信号的占空比越大,锁止离合器活塞左右两侧油压差以及锁止离合器接合力也越大。当脉冲信号的占空比达到一定数值时,锁止离合器即可完全接合。这样,ECU 在控制锁止离合器接合时,可以通过电磁阀来调节其接合速度,让接合力逐渐增大,使接合过程更加柔和。

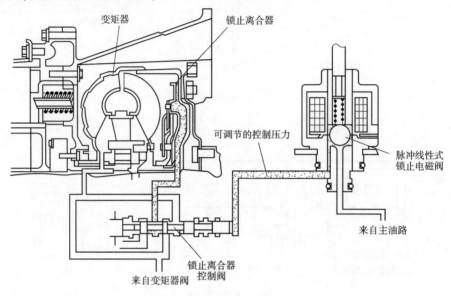

图 5-8 电控系统锁止离合器控制阀工作原理(脉冲式电子阀)

7) 节流控制阀

在自动变速器内,为改善换挡品质,减轻换挡冲击和延长离合器制动的使用寿命,在通往离合器或制动器的油路中加装了许多节流控制阀。

节流控制阀的作用有两个:一是使作用在离合器和制动器上的油压缓慢上升,以减轻接合时的冲击;二是使作用在离合器和制动器的油压泄油时尽快泄出,使分离迅速彻底,防止摩擦片分离不彻底造成的磨损。

如图 5-9 所示,当工作油液从进排液口①流入进排液口②时,油压使防松球压靠在一个节流孔上,因此工作油液仅能流经一个节流孔,使流至进排液口②的工作油液压力上升比较缓慢,减小了离合器和制动器接合时的冲击;当工作油液反转流动时,工作油液将防松球从受阻的节流孔处推开,泄油迅速,使离合器和制动器片能够快速分离。

8) 储能减振器

储能减振器通常用于防止离合器和制动器在接合时的冲击。

如图 5-10 所示,油压从进液口①将活塞 A 推至右端,同时将活塞 B 向下推。用此方式可减小活塞 A 上的油压冲击,防止离合器或制动器片快速接合时引起冲击;推下活塞 B 压缩弹簧时又储存了能量。

项目三　自动变速器液压元件的检修

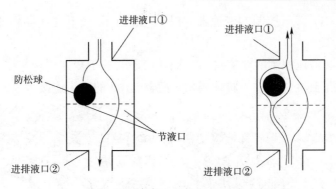

图 5-9　节流控制阀的结构与工作原理

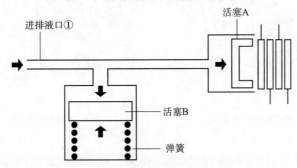

图 5-10　储能减振器的结构与工作原理

二　任务实施

❶ 准备工作

(1) 工具：常用工具一套。

(2) 设备：空气压缩机、操作台、大众车(大众 01V 自动变速器)一台。

(3) 维修手册、工作记录表、评分表。

❷ 技术要求与注意事项

(1) 在拆卸阀体时，要注意不能损伤传感器和线束。

(2) 按维修手册的要求力矩拧紧螺栓。

❸ 操作步骤

1) 阀体的拆卸

原则上脏的或者坏的阀体要更换。进行自动变速器维修操作时应遵循清洁规定。以下为自动变速器(大众 01V 自动变速器)的阀体的安装步骤。

(1) 拆下油底壳和机油滤清器。

(2) 如图 5-11 所示，拆下线束插头锁卡(箭头)。

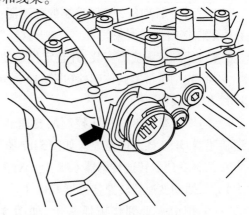

图 5-11　拆下线束插头锁卡

(3)对于带 E17 液压控制的变速器,如图 5-12 所示,拔下变速器转速传感器 G38 上(箭头)的插头连接。

对于带 E18-2 液压控制的变速器,如图 5-13 所示,拔下变速器转速传感器 G38 上(A)的插头连接。拔下到变速器输入转速霍尔传感器 G182 的插头连接。

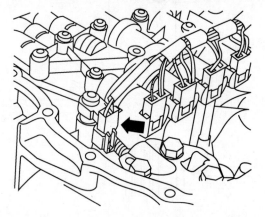

图 5-12 拔下变速器转速传感器插头

图 5-13 拔下变速器转速传感器插头
A、B-插头连接

(4)如图 5-14 所示,松开阀体固定螺栓(箭头),取下带线束的阀体。注意只允许松开(箭头)标明的固定螺栓,松开其他螺栓会影响阀体的功能或者整个阀体会散开。对于带 E17 液压控制的变速器,箭头 A 螺栓比其他短且细,要注意其安装位置。对于带 E18/2 液压控制的变速器,不要装图 5-14 所示箭头 A 螺栓。从变速器上取下阀体,同时要跟踪线束插头。对于带 E17 液压控制的变速器,拆下的阀体不能放到阀体后侧的变速器输入转速传感器上,否则会损坏。

2)阀体的安装

自动变速器(大众 01V 自动变速器)的阀体的安装步骤。

(1)在线束插头的 O 形密封圈上轻涂一些 ATF。把线束插头装到变速器壳体内,保证线束后部平面向下,线束鼻子水平。

(2)对于带 E18/2 液压控制的变速器,根据图 5-15 所示辅设插头线束 C,这样以避免在安装阀体时卡住线束。

(3)使阀体无应力安装,并且定位板的销 1 要推到换挡推杆 2 槽内,如图 5-16 所示。

(4)先用手带紧阀体螺栓(图 5-14 所示箭头),随后从内向外拧紧阀体螺栓。螺栓的拧紧力矩为 8N·m。

(5)对于带 E18/2 液压控制的变速器,从阀体和线束之间向上拉出带变速器输入转速传感器 G182 插头的电缆。如图 5-17 所示,把线束上两个插头 A 和 B 插接到一起,把插头 C 插到变速器转速传感器 G38 上。对于带 E17 液压控制的变速器,把(图 5-12 箭头所示)插头插到变速器转速传感器 G38 上。

(6)把卡夹夹到线束插头上,如图 5-11 箭头所示。装上机油滤器和油底壳并加注 ATF。

项目三　自动变速器液压元件的检修

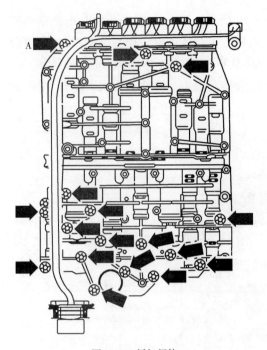

图 5-14　拆卸阀体

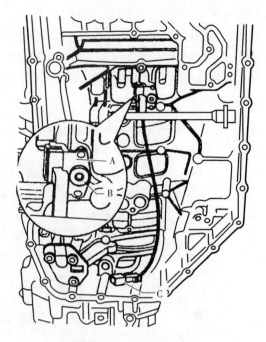

图 5-15　辅设插头线束
A-输入转速传感器；B-螺栓；C-插头

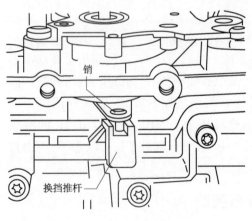

图 5-16　安装阀体

图 5-17　连接插头
A、B、C-插头

三　学习拓展

在大众车系 OAM 型 7 挡双离合器自动变速器液压控制系统上，和以往的自动变速器不同，油泵不是靠发动机带动的，而是由一个电动机提供的动力。这个电动机是一个电刷直流电动机。电动机的运转完全由阀体内电子控制单元（图 5-18）根据压力要求按需驱动，电动机又通过连接器驱动油泵。油泵按齿轮泵原理工作，它吸入油液并加压向油路提供一个大约 7MPa 的压力油。带动油泵的这个电动机尺寸较小，是非接触式的，由一个定子和一个转子组成。常规的定子由永久磁铁构成，转子由电磁铁构成。但这个电动机恰恰相反。转子包含 6 对永久磁铁，定子包含 6 对电磁铁，如图 5-19 所示。传统的直流电动机，电磁场换向是通过接触环进行的。但这个直流电动机的换向则是由阀体内电子控制单元控制，在换向工作时无接触，保证了直流电动机运转在无磨损状态下进行，延长了电动机的使用寿命。

如果油泵电动机不能工作，油液压力下降，离合器在压力盘弹簧的作用下断开，中断发动机转矩的传递。

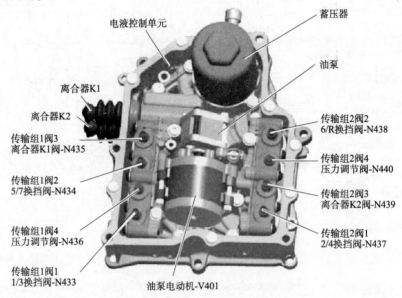

图 5-18　OAM 型 7 挡双离合器自动变速器阀体

OAM 型 7 挡双离合器自动变速器液压控制系统上装有蓄压器，蓄压器用于在油泵不工作时保证液压系统有油压，能存储能量，减弱冲击和波动的影响，该蓄压器采用气压活塞式，氮气充注压力为 2.4MPa，最大承受液压为 10MPa，能储存 0.2L 的液压油。特别要注意的是，在蓄压器处于压力状态下，不得打开，否则会产生危险。

四　评价与反馈

1 自我评价

（1）通过本学习任务的学习你是否已经清楚以下理论问题：

①汽车自动变速器液压控制系统的组成是：_____。

②汽车自动变速器液压控制系统各部分功用是：_____。

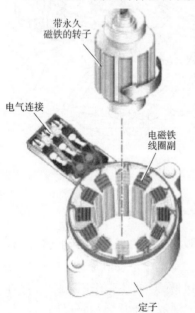

图 5-19　OAM 型 7 挡双离合器自动变速器油泵电动机工作原理

项目三　自动变速器液压元件的检修

(2)拆解汽车自动变速器阀体有哪些步骤？
_____。

(3)安装汽车自动变速器阀体有哪些步骤？
_____。

(4)通过本学习任务的学习，你认为自己的知识和技能还有哪些欠缺？
_____。

签名：_____　　　____年___月___日

❷ **小组评价**(表5-1)

小组评价表　　　　　　　　　　　　　　　　　表5-1

序号	评 价 项 目	评 价 情 况
1	着装是否符合要求	
2	是否能合理规范地使用仪器和设备	
3	是否按照安全和规范的流程操作	
4	是否遵守学习、实训场地的规章制度	
5	是否能保持学习、实训场地整洁	
6	团结协作情况	

参与评价的同学签名：_____　　　____年___月___日

❸ **教师评价**

_____。

教师签名：_____　　　____年___月___日

五　技能考核标准

根据学生完成实训任务的情况对学习效果进行评价。技能考核标准见表5-2。

技能考核标准表　　　　　　　　　　　　　　　　表5-2

序号	项目	操作内容	规定分	评分标准	得分
1	阀体的拆卸	安全确认	8分	确认车辆停放平稳2分； 安装车轮挡块2分； 确认驻车制动器操纵杆已拉紧2分； 确认换挡杆位于P位2分	
		前期准备	4分	安装车内防护件2分； 安装车外防护件2分	
		记录变速器信息	3分	车型、变速器型号、生产日期各1分	
		拆下油底壳	8分	能正确选用工具4分； 能按安全操作规程4分	

续上表

序号	项目	操作内容	规定分	评分标准	得分
1	阀体的拆卸	拆下机油滤清器	10分	能正确选用工具5分； 能按安全操作规程5分	
		拆下线束插头锁卡	3分	不损伤线束2分； 用力正确1分	
		拔下变速器上传感器插头	3分	正确选择拔出方法3分	
		按维修手册松开阀体固定螺栓	4分	能识别阀体螺栓1分； 充分注意螺栓安装位置1分； 充分注意阀体拆下后放置位置1分； 充分注意不损伤传感器1分	
2	阀体的安装	线束插头安装	6分	查看安装状况并判断2分； 查看连接状况并判断2分； 查看线束状况并判断2分	
		阀体无应力安装	4分	保证阀体无应力安装2分； 定位板销1推到换挡推杆2槽内2分	
		按维修手册紧固阀体固定螺栓	9分	用手带紧阀体螺栓3分； 按由内向外顺序拧紧阀体螺栓3分； 螺栓的拧紧力矩达到8N·m 3分	
		安装油底壳	10分	能正确选用工具5分； 能按安全操作规程5分	
		安装机油滤清器	10分	能正确选用工具5分； 能按安全操作规程5分	
		使用工具	10分	使用照明工具查看2分； 安全使用空气压缩机2分； 正确选择拆装工具2分； 掌握拆装技巧2分； 工具不掉落、不随便放置2分	
		5S表现	5分	注意收拾整理2分； 注意清洁1分； 操作有条理2分	
		操作记录	3分	关键信息不遗漏3分	
	总　　分		100分		

项目三 自动变速器液压元件的检修

学习任务6 压力的调试

学习目标

⭐ **知识目标**

1. 熟悉自动变速器液压控制系统中各油路的压力值；
2. 通过测量油压能检查油泵、油压调节阀、节气门阀、油压电磁阀、速控阀及变速器油等的工作状况。

⭐ **技能目标**

1. 能够使用各种媒体查阅所需资料；
2. 查阅维修资料获取油压试验的方法并按计划实施操作。

建议课时

4课时。

任务描述

一辆装备自动变速器的威驰轿车，车主反映：自动变速器出现打滑的现象。需要你对油泵进行检修，确定故障部位并排除故障。

一 理论知识准备

液压控制系统大部分元件安装在阀体上，阀体是由铝或铁铸造加工而成的，其上有许多精加工的孔、油道和各种阀。阀体作为一个整体安装在变速器壳上。ATF在自动变速器中的流动方向与路径，无法通过视觉直观看到，只能通过对油液压力的试验来分析判断。

1 油压分析测试

油压分析是在自动变速器工作时，通过测量液压控制系统各油路的压力来判断液压控制系统及电子控制系统各零部件的功能是否正常。目的是检查油泵、油压调节阀、节气门阀、油压电磁阀、速控阀及变速器油等的工作状况。是变速器性能分析和故障判断的主要依据。油压测试包括：系统油路压力测试，各离合器和制动器的蓄压路油压测试，各挡离合器油压测试，速控阀油压测试和节气门油压的调整。

油压测试应首先预热油温至正常工作温度（50~80℃），确认检查过油面高度、油质状况、换挡杆及节气门拉索已调整正常，室内测试一般可用举升机把汽车升起，让车轮自由转动。但测车高速时,应在底盘测功机或道路上进行,以确保安全。

1)系统油路压力测试测试方法

(1)首先检查加速踏板拉索的调整情况,必要时重新调整。

(2)拆下变速器壳体上的油路压力测试螺塞,装上油压表。

(3)用三角木塞住前、后轮。

(4)将驻车制动器操纵杆拉到底(制动)。

(5)起动发动机。

(6)在急速情况下,推入"D"位置,读出压力值。

(7)将制动踏板踩到底,然后同时将加速踏板也踩到底,即在失速情况下读出压力值。

(8)推入"R"位置,做同样试验。

2)速控阀油液测试

液压控制自动变速器装有速控阀,速控阀油压的大小能反应车速的高低,且是换挡控制的主要信息。当节气门拉索调整正常且系统油路压力也正常,但车辆的换挡车速仍然错误时,就应对速控阀油压进行测试,测试方法如下:

(1)用三角木塞住前轮。

(2)顶起后轮并用架子支撑住(最好在底盘测功机上或道路上)。

(3)拆下变速器壳上速控阀压力测试螺塞,装上油压表。

(4)系统油压分析表(表6-1)

系统油压分析表　　　　　　　　　　　　　　　　　　　　表6-1

	判　　　断	可能有故障的零件
急速时	在所有挡位管路压力均低	油泵磨损; 控制活塞损坏; 调压阀或塞子卡住; 调压阀弹簧损坏; 在滤网与调压阀之间有油压泄漏
	在特定挡位管路压力低	在手动阀与特定离合器之间有油压泄漏; 如果管路压力在R及1挡油压低,而在D挡及2挡油压正常,则在低挡及倒挡制动器回路或其周围漏油
	管路压力高	节气门位置传感器调整不当; 变速器油温传感器损坏; 管路压力电磁线圈卡住; 管路压力电磁线圈线路短路; 压力修正阀卡住; 调压阀或塞子卡住
失速时	管路压力低	节气门位置传感器调整不当; 管路压力电磁线圈卡住; 管路压力电磁线圈线路短路; 调压阀或塞子卡住; 压力修正阀卡住; 导向阀卡住

(5)松开驻车制动器操纵杆(不制动)。

(6)起动发动机。

(7)推入 D 位置,按表6-2 额定速度分别测速控阀压力。

(8)路试时要注意安全,表6-2 列出输出轴转速与参考车速及速控阀压力对应关系。

丰田 A34D 速控阀油压　　　　　表6-2

输出轴转速(r/min)	车速(仅供参考)(km/h)	速控阀压力(kPa)	备注
1000	28	90～150	室内试验
1800	50	160～220	路试
3500	98	410～530	路试

如果在所给车速下速控阀油压不正常,也许是速控阀卡住了。当汽车速度降低,速控阀油压应相应地平稳连续地下降,到汽车停止后,速控阀油压应降到 0～21kPa,如果汽车已停下,而速控阀油压仍然居高不下(高于21kPa),将会妨碍变速器回低挡。

3)各挡离合器油压测试

采用平行轴式变速器的本田 MPYA 自动变速器基本上是各个挡位均有对应的离合器。在油压测试内容中,除了系统油路压力测试外,还可以对各挡离合器的操纵油压进行测试。测试方法如下。

(1)起动发动机,使油温达到正常工作温度。

(2)制动,固定后轮。

(3)顶起驱动轮(前轮),使其能自由转动。

(4)将压力表接入各挡离合器油压测量孔,如图6-1 所示。

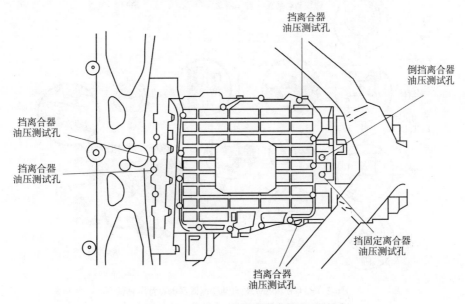

图6-1　本田 MPYA 自动变速器离合器油压测量孔

(5)发动机转速固定在 2000r/min,分别进行各挡位的油压测量。

(6)将测量值与规定油压值(表6-3)进行比较和故障原因分析。

本田 MPYA 自动变速器油压分析　　　　　　　　　　　　表6-3

测试油压项目	换挡杆位置	现象	故障部位	油压力(kPa) 标准值	油压力(kPa) 最低允许值
1挡离合器	D₄ 或 D₃	1挡压力低	1挡离合器	780~840	735
2挡离合器		2挡压力低	2挡离合器		
3挡离合器	D₄	3挡压力低	4挡离合器	840	735
4挡离合器		4挡压力低	4挡离合器		
1挡离合器		1挡压力低	1挡离合器		
2挡离合器	2 或 1	2挡压力低	2挡离合器	780~840	735
1挡固定离合器		1挡固定压力低	1挡固定离合器		
倒挡离合器	R	倒挡压力低	倒挡离合器	1166~1244	1127

4) 蓄压器背压测试

丰田 A341E 和 A342E 电子控制自动变速器采用专门的一个线性电磁阀,以控制各离合器和制动器的蓄压器背压,并设置了蓄压器背压的测量油孔。

测试方法如下:

(1) 和管路压力试验一样,检查加速踏板拉索,调节油温,接上压力表,拉紧驻车制动器操纵杆,检查发动机怠速。

(2) 打开驾驶室里的发动机和自动变速器电控单元(ECU)配线,通过8W的电阻试灯泡,接 SLN 端头以便进行搭铁和不搭铁试验。如图6-2所示。

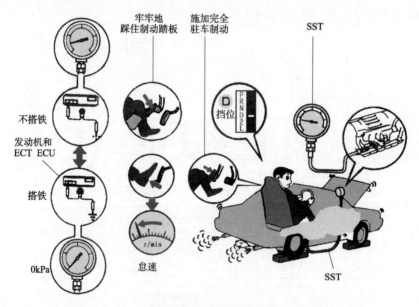

图6-2　A341E 和 A342E 自动变速器蓄压器背压测试

(3) 在正常怠速下,踩住制动踏板并固定4只车轮后,换至 D 挡。

(4) 读出 SLN 端搭铁和不搭铁两种情况的蓄压器背压。

(5) 性能分析,对照标准背压(表6-4),若不符合,则可能原因见表6-5。

项目三 自动变速器液压元件的检修

A341E 自动变速器蓄压器标准背压　　　　　　　　表 6-4

挡位	D 挡位	
发动机转速	急速	
发动机 ECT ECU 端子 SLN 的状态	不搭铁	搭铁
蓄压器背压(kPa)	177~255	0

蓄压器背压试验故障分析　　　　　　　　表 6-5

故　障	可 能 原 因
当端子 SLN 不搭铁时 蓄压器背压与规定值不符(高或低)	节气门拉索失调；
	节气门控制阀故障；
	电磁调节阀故障；
	SLN 电磁阀故障；
	蓄压器控制阀故障
当端子 SLN 搭铁时,蓄压器背压不为 0	SLN 电磁阀故障

5) 节气门油压

没有测压孔,可直接测量节气门压力,如果节气门拉索调整是正确的,但是与相对应的升挡车速相比不正常,升挡车速延迟或过早了,就可以怀疑节气门压力不正常,升挡或降挡时,如发动机失控(即超速),也可能是节气门压力调整不正确,是节气门压力过低的表现。

在未查明节气门拉索的调整是否正确之前,不应对节气门油压进行重新调整。

❷ 失速试验与检查

失速试验是检查发动机、变矩器及自动变速器中有关换挡执行元件的工作是否正常的一种方法。

1) 准备工作

在进行失速试验之前,应做好以下准备工作:

(1) 让汽车行驶至发动机和自动变速器均达到正常工作温度。

(2) 检查汽车的行车制动器和驻车制动器,确认其性能良好。

(3) 检查自动变速器液压油高度,应正常。

2) 试验步骤(图 6-3)

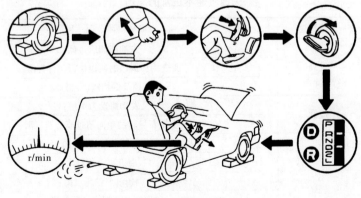

图 6-3　失速试验

(1)将汽车停放在宽阔的水平地面上,前后车轮用三角木块塞住。

(2)拉紧驻车制动器操纵杆,左脚用力踩住制动踏板。

(3)起动发动机。

(4)将操纵手柄拨入 D 位。

(5)在左脚踩紧制动踏板的同时,用右脚将加速踏板踩到底,在发动机转速不再升高时,迅速读取此时的发动机转速。

(6)读取发动机转速后,立即松开加速踏板。

(7)将操纵手柄拨入 P 或 N 位,让发动机怠速运转 1min,以防止液压油因温度过高而变质。

(8)将操纵手柄拨入其他挡位(R、S、L 或 2、1),做同样的试验。

在前进挡或倒挡中踩住制动踏板并完全踩下加速踏板时,发动机处于最大转矩工况,而此时自动变速器的输出轴及输入轴均静止不动,变矩器的涡轮也因此静止不动,只有变矩器壳及泵轮随发动机一同转动,这种工况称为失速工况,此时的发动机转速称为失速转速。由于在失速工况下,发动机的动力全部消耗在变矩器内液压油的内部摩擦损失上,液压油的温度急剧上升,因此在失速试验中,从加速踏板踩下到松开的整个过程的时间不得超过 5s,否则会使液压油因温度过高而变质,甚至损坏密封圈零件。在一个挡位的试验完成之后,不要立即进行下一个挡位的试验,要等油温下降之后再进行。试验结束后不要立即熄火,应将操纵手柄拨入空挡或驻车挡,让发动机怠速运转几分钟,以便让液压油温度降至正常。如果在试验中发现驱动轮因制动力不足而转动,应立即松开加速踏板,停止试验。

不同车型的自动变速器都有其失速转速标准。大部分自动变速器的失速转速标准为 2300r/min 左右。若失速转速与标准值相符,说明自动变速器的油泵、主油路油压及各个换挡执行元件的工作基本正常;若失速转速高于标准值,说明主油路油压过低或换挡执行元件打滑;若失速转速低于标准值,则可能是发动机动力不足或液力变矩器有故障。例如,当液力变矩器中的导轮单向超越离合器打滑时,液力变矩器在液力耦合器的工况下工作,其变矩比下降,从而使发动机的负荷增大,转速下降。不同挡位失速转速不正常的原因详见表6-6。

失速转速不正常的原因 表6-6

操纵手柄位置	失速转速	故障原因
所有位置	过高	主油路油压过低;
		前进挡和倒挡的换挡执行元件打滑;
		低挡及倒挡制动器打滑
	过低	发动机动力不足;
		变矩器导轮的单向超越离合器打滑
仅在 D 位	过高	前进挡油路油压过低;
		前进离合器打滑
仅在 R 位	过高	倒挡油路油压过低;
		倒挡及高挡离合器打滑

❸ 延时试验与检查

在发动机怠速运转时将操纵手柄从空挡拨至前进挡或倒挡后,需要有一段短暂时间的迟滞或延时才能使自动变速器完成挡位的接合(此时汽车会产生一个轻微的振动),这一短暂的时间称为自动变速器换挡的迟滞时间。延时试验就是测出自动变速器换挡的迟滞时间,根据迟滞时间的长短来判断主油路油压及换挡执行元件的工作是否正常。延时试验的步骤如下:

(1)让汽车行驶,使发动机和自动变速器达到正常工作温度。

(2)将汽车停放在水平地面上,拉紧驻车制动器操纵杆。

(3)检查发动机怠速。如不正常,应按标准予以调整。

(4)将自动变速器操纵手柄从空挡"N"位拨至前进挡"D"位,用秒表测量从拨动操纵手柄开始到感觉汽车振动为止所需的时间,该时间称为 N-D 延时时间。

(5)将操纵手柄拨至 N 位,让发动机怠速运转 1min 后,再做一次同样的试验。

(6)做 3 次试验,并取平均值。

(7)按上述方法,将操纵手柄由 N 位拨至 R 位,测量 N-R 延时时间。

大部分自动变速器 N-D 延时时间小于 1.2s,N-R 延时时间小于 1.5s。若 N-D 延时时间过长,说明主油路油压过低,前进离合器摩擦片磨损过甚或前进单向超越离合器工作不良;若 N-R 延时时间过长,说明倒挡主油路油压过低,倒挡离合器或倒挡制动器磨损过甚或工作不良。

二 任务实施

❶ 准备工作

(1)查阅维修资料,做好油压试验的准备工作。

①准备一只量程为 0~7MPa 的油压表。若油压表的量程过大,试验数据误差过大;若量程过小,则不能满足使用要求,甚至损坏压力表。实际工作时最好准备指针式与电子数字式两种,指针式的可以很好地观察到压力的变化情况,而数字式的则可以很精确地测量到压力数值。

②准备油压试验连接油管,最好选用直径合适的耐高压橡胶软管。若油管内径过小,则会导致油压测试灵敏度变差;若油管内径过大,则操作不方便。

③准备使用配套的油压试验专用接头,否则会造成油压试验时变速器油的泄漏,并损坏变速器油压试验接头螺纹,给变速器带来故障隐患。

(2)设备:装有丰田 A340 或 A341 自动变速器的汽车一台。

(3)维修手册、工作记录表、评分表。

❷ 技术要求与注意事项

(1)认真阅读维修手册,找准液压试验接头位置。

(2)车辆停放要保证安全,用垫木将 4 个车轮挡住使车辆可靠固定。

(3)工作需检查 ATF 和机油的液面高度。

3 操作步骤

自动变速器的同一故障现象可能有多种原因导致,例如:自动变速器离合器打滑故障原因既可能是机械部分的摩擦元件损坏,也可能是液压系统压力低使离合器片压紧力不够。通过油压试验可准确了解系统的压力状况,可分辨出是否由液压系统故障引起的。

(1)在准备好相应的工具之后,查阅维修资料了解各系统液压试验接头在变速器上的位置,否则不能准确测试需要检查的系统油压,图6-4所示为丰田A340、A341自动变速器油压测试点。

(2)按维修资料,逐步对丰田A340、A341自动变速器进行油压测试。

①关闭发动机,变速器挡位置于P位,实施驻车制动,并用垫木将4个车轮挡住使车辆可靠固定,如图6-5所示。

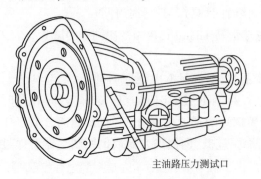

图6-4 丰田A340、A341自动变速器油压测试点   图6-5 油压测试前准备

提示:在失速转速下进行管路压力测试时,将制动踏板始终踩到底。

②拆下需要测试油压的接点堵头,再接上油压测试管接头,然后接上油压软管及油压表,如图6-6所示。

提示:仔细检查,油管与导线不应与汽车或发动机的旋转运动机件接触。

③检查ATF和机油的液面高度。如有不足,按规定添加ATF和机油。

④起动发动机,运行10min或直至ATF和机油达到工作温度(ATF工作温度为50~80℃),检查管接头及油管连接处是否有泄漏。

⑤起动发动机,并测量怠速和失速时的管路压力,如图6-7所示。

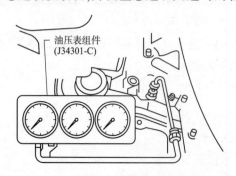 

图6-6 连接油压表   图6-7 测量怠速和失速时的管路压力

提示:在某些情况下,各个挡位的主油压均需要进行测试,以便进行故障分析。此时

应用举升机将汽车举起,使驱动轮离地,将操纵手柄置于所需要的挡位。

三 学习拓展

自动变速器各个油路是相互联系的,有些油路是从另一些油路中分支出来的,对于具体的换挡故障,要遵循从执行元件到分支油路再到主油路的次序逆向检查。例如出现了挡位缺失或换挡故障码,就要根据动力传动图从离合器油路开始逆向找到相关的控制阀进行检查。如果故障现象是换挡打滑、延迟,或者其他抵挡品质的问题,就需要检查所有的调压油路和增压油路。如果是TCC锁止故障码或打滑问题,就要从液力变矩器开始逆查到主调压阀,其间任何一个中间环节都会导致锁止。以通用别克4T65E自动变速器为例,如果是换挡品质问题,就要按蓄压器、蓄压器阀、转矩信号阀、EPC电磁阀、AFL阀、主调压阀和增压阀逆向检查。如果是锁止故障,则从液力变矩器检查到阀体中锁止控制阀和锁止调压阀,再到AFL阀、EPC电磁阀、转矩信号阀、增压阀和主调压阀。

丰田U250E自动变速器中离合器烧毁是常见故障,首先要在传动图上分析各挡位的C_0、C_1、B_1、B_2以及B_3离合器的工作状态,检查是否有某个离合器在应该工作的时候离合器供油不足,或者在不应该工作的时候油路内有油压存在。从离合器检查到离合器的控制油路。

C_0和C_1是经常烧毁的离合器,它的故障根源之一是阀体中的离合器作用控制阀。这个离合器控制阀由于其长度较长,容易在热车时卡滞,它的作用是控制通往前进挡离合器C_1、直接挡离合器C_0和2挡制动器B_1油路的开关阀。当该阀卡住时,这些离合器/制动器的供油就不正常,导致在换挡过程中,有时两个离合器没有一个处于作用状态,发动机在空挡上转动,驾驶者在换挡时会感觉打滑和脱挡。或者有时2个离合器同时处于作用状态,这时变速器同时处在两个挡位上,这就是所谓"打结状态",换挡时会明显感到不顺畅。此外,离合器作用控制阀在卡滞时会降低通向C_0、C_1和B_1离合器的自动变速器油流量,有时甚至就没有油到达执行元件,因此才会反复导致C_0、C_1和B_1离合器烧毁。

综上所述,除了就车对自动变速器的油压进行测试外,对自动变速器阀体油路的测试也很重要,因为故障往往就发生在阀体内的各种控制阀上,在阀体分解前可以使用简单的湿气测试法、真空测试法、气压测试法、光照法以及滑阀摆动法等。在测试前要将阀体进行有效清洗,然后彻底吹干,不然会直接影响测试效果。

四 评价与反馈

1 自我评价

(1)通过本学习任务的学习你是否已经清楚以下理论问题:

①油压分析测试的意义是:

②油压分析测试方法是:

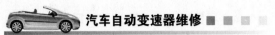

(2) 对丰田 A340、A341 自动变速器油压测试有哪些步骤?

_____。

(3) 自动变速器油压测试过程中,使用了哪些专用设备?

_____。

(4) 通过本学习任务的学习,你认为自己的知识和技能还有哪些欠缺?

_____。

签名:_____   _____年___月___日

❷ 小组评价(表6-7)

小 组 评 价 表 　　　　　　　　　表6-7

序号	评 价 项 目	评 价 情 况
1	着装是否符合要求	
2	是否能合理规范地使用仪器和设备	
3	是否按照安全和规范的流程操作	
4	是否遵守学习、实训场地的规章制度	
5	是否能保持学习、实训场地整洁	
6	团结协作情况	

参与评价的同学签名:_____   _____年___月___日

❸ 教师评价

_____

_____。

教师签名:_____   _____年___月___日

五 技能考核标准

根据学生完成实训任务的情况对学习效果进行评价。技能考核标准见表6-8。

技能考核标准表 　　　　　　　　　表6-8

序号	项目	操作内容	规定分	评分标准	得分
1	自动变速器主油路压力测试	安全确认	8分	确认车辆停放平稳2分; 安装车轮挡块2分; 确认驻车制动器操纵杆已拉紧2分; 确认换挡杆置于P位2分	
		前期准备	4分	安装车内防护件2分; 安装车外防护件2分	
		记录变速器信息	3分	车型、变速器型号、生产日期各1分	
		找到自动变速器油压测试点	5分	能按维修手册找到自动变速器油压测试点5分	

续上表

序号	项目	操作内容	规定分	评分标准	得分
1	自动变速器主油路压力测试	再次安全确认	8分	确认车辆停放平稳2分； 安装车轮挡块2分； 确认驻车制动器操纵杆已拉紧2分； 确认换挡杆置于P位2分	
		连接油压软管及油压表	8分	拆下需要测试油压的接点堵头4分； 正确连接油压测试管接头2分； 正确连接油压表2分	
		安全检查	4分	油管与导线不应与汽车或发动机的旋转运动机件接触4分	
		检查ATF和机油的液面高度	4分	检查ATF油液面高度2分； 检查机油的液面高度2分	
		起动发动机后检查	6分	运行10min或直至ATF和机油达到工作温度（ATF工作温度50~80℃）2分； 检查管接头及油管连接处是否有泄漏4分	
		测量管路压力	20分	发动机起动后测量怠速管路压力10分； 发动机起动后测量失速管路压力10分	
		拆除油压软管及油压表	8分	正确拆下连接油压测试管接头2分； 正确拆下油压表2分； 安装测试油压的接点堵头4分	
		使用工具	14分	使用照明工具查看2分； 正确使用量程为0~7MPa的油压表2分； 正确使用油压试验连接油管2分； 正确使用配套的油压试验专用接头2分； 正确选择拆装工具2分； 掌握拆装技巧2分； 工具不掉落、不随便放置2分	
		5S表现	5分	注意收拾整理2分； 注意清洁1分； 操作有条理2分	
		操作记录	3分	关键信息不遗漏3分	
总 分			100分		

项目四　自动变速器电子控制系统的检修

学习任务7　自动变速器电子控制系统的认识

学习目标

知识目标

1. 查阅资料,知道自动变速器电子控制系统各部件的功能和具体位置;
2. 叙述各种信号、传感器和执行器的作用及基本原理。

技能目标

1. 根据维修资料,能找到自动变速器电子控制系统各部件的具体位置;
2. 会用汽车故障诊断仪或电脑读取自动变速器电控系统故障码。

建议课时

6课时。

 任务描述

一辆装备自动变速器的威驰轿车,在没有维修手册的情况下,需要你指认该车自动变速器所涉及的传感器。

一　理论知识准备

1 概述

电子控制系统是自动变速器控制的核心,通过传感器将汽车行驶速度和发动机负荷

项目四 自动变速器电子控制系统的检修

等参数转变为电信号,ECU 根据这些信号做出是否需要换挡的判断,并按照设定的控制程序发出换挡指令,操纵各种电磁阀(换挡电磁阀、油压电磁阀等)去控制阀体中各个控制阀的工作(接通或切断换挡控制油路),驱动离合器、制动器、锁止离合器等执行元件,从而实现对自动变速器的全面控制。

自动变速器的电子控制系统包括传感器及开关、电子控制单元(ECU)和执行器三部分,其组成框图如图 7-1 所示。

图 7-1 自动变速器的电子控制系统

传感器部分主要包括节气门位置传感器、车速传感器、发动机转速传感器、输入轴转速传感器、冷却液温度传感器、ATF 温度传感器、驻车挡/空挡位置开关(又称空挡起动开关)、强制降挡开关、制动灯开关、模式选择开关、OD 开关等。

执行器部分主要包括各种电磁阀和故障指示灯等。

ECU 主要完成换挡控制、锁止离合器控制、油压控制、故障诊断和失效保护等功能。

自动变速器控制系统的组成及各元件的安装位置如图 7-2 和图 7-3 所示。

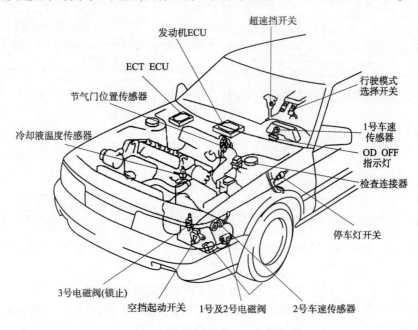

图 7-2 自动变速器电气部件安装位置图

❷ 传感器及开关

1) 节气门位置传感器(TPS)

(1) 功用。节气门位置传感器安装在节气门体上,用于检测节气门开度的大小,并将数据传送给 ECU,ECU 根据此信号判断发动机负荷,从而控制自动变速器的换挡、调节主油压和对锁止离合器控制。节气门位置信号相当于液控自动变速器中的节气门油压。

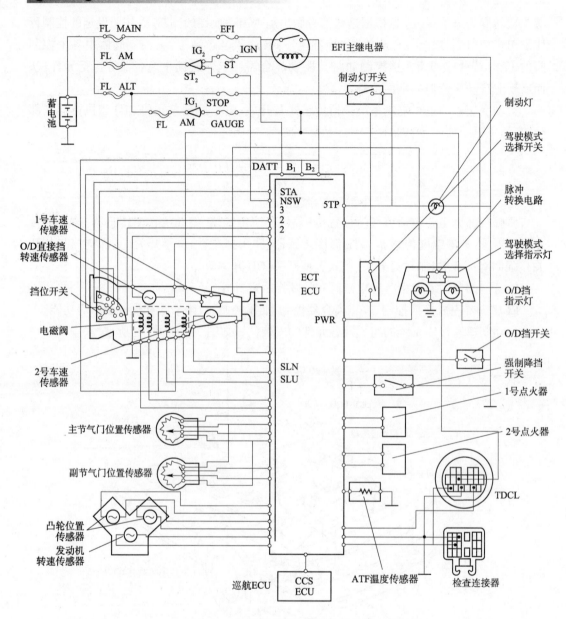

图 7-3 自动变速器电子控制系统的组成

(2)结构、原理。一般是采用线性输出型节气门位置传感器,也称可变电阻式传感器,其结构、原理如图 7-4 所示,实际上是一个滑动变阻器,E 是搭铁端子,IDL 是怠速端子,V_{TA} 是节气门开度信号端子,V_C 是 ECU 供电端子,ECU 提供恒定 5V 电压。当节气门开度增加,节气门开度信号触点逆时针转动,V_{TA} 端子输出电压也线性增大。如图 7-5 所示,V_{TA} 端子输出电压与节气门开度成正比。当怠速时,怠速开关闭合,IDL 端子电压为 0V。

2)车速传感器(VSS)

(1)功用。车速传感器用于检测自动变速器输出轴转速,自动变速器 ECU 根据车速传感器输入的信号计算出车速,并以此信号控制自动变速器的换挡和锁止离合器的锁止。

项目四 自动变速器电子控制系统的检修

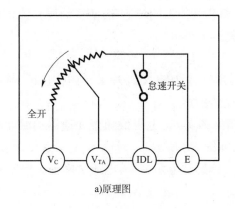
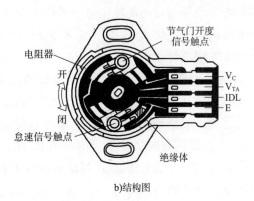

a)原理图 b)结构图

图 7-4 节气门位置传感器的结构、原理

（2）结构及工作原理。常见的车速传感器有电磁式、舌簧开关式、光电式三种形式。电磁式车速传感器的结构如图 7-6 所示，主要由永久磁铁、电磁感应线圈、转子等组成。转子一般安装在变速器输出轴上，永久磁铁和电磁感应线圈安装在变速器壳体上，如图 7-6c)所示。当输出轴转动时，转子也转动，转子与传感器之间的空气间隙发生周期性变化，使电磁感应线圈中磁通量也发生变化，从而产生交流感应电压，如图 7-6b)所示，并输送给 ECU。ECU 是根据交流感应电压脉冲频率大小计算车速，并以此控制自动变速器的换挡。车速传感器信号相当于液控自动变速器中的速控油压，电控自动变速器没有速控阀。

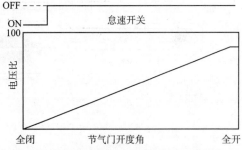

图 7-5 V_{TA} 端子输出电压与节气门开度的关系

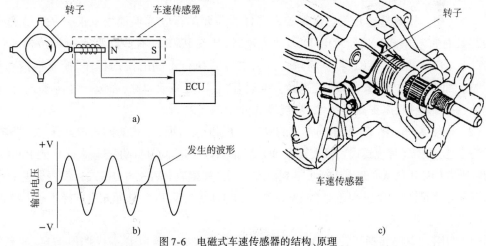

图 7-6 电磁式车速传感器的结构、原理

3）输入轴转速传感器

对于轿车自动变速器，一般在机械变速器输入轴附近的壳体上装有检测输入轴转速的输入轴转速传感器。该传感器一般也是采用电磁式，其结构及工作原理与车速传感器一样。

自动变速器 ECU 根据输入轴转速传感器的信号可以更精确地控制换挡。另外，ECU

还可以把该信号与发动机转速信号进行比较,计算出变矩器的转速比,使主油压和锁止离合器的控制得到优化,以改善换挡,提高行驶性能。

4) ATF 温度传感器

ATF(自动变速器油)温度传感器将油液温度转换为输入到 ECU 的电阻值。通过 ECU 端子 THO1（THO），ECU 将电压施加到温度传感器。

传感器一般都是一个负温度系数的热敏电阻(图 7-7),电阻值随着变速器油温度的改变而改变,即随着温度升高,传感器电阻减小,如图 7-8 所示。

传感器的一个端子搭铁,所以随着温度升高,传感器电阻减小,电压会降低。ECU 根据电压信号计算油液温度。

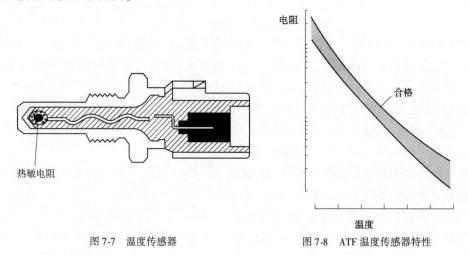

图 7-7　温度传感器　　　　　　图 7-8　ATF 温度传感器特性

5) 模式选择开关

(1)功用。模式选择开关是供驾驶人选择所需要的行驶或换挡模式的开关。大部分车型都具有常规模式(N 或 NORM)和动力模式(P 或 PWR),有些车型还有经济模式(E 或 ECO)。自动变速器 ECU 根据所选择的行驶模式执行不同的换挡程序,控制换挡和锁止正时。如选择动力模式,自动变速器会推迟升挡,以提高动力性,而选择经济模式,自动变速器会提前升挡,以提高经济性,常规模式介于两者之间。

(2)结构、原理。图 7-9 所示为常见的具有常规和动力两种模式的模式选择开关线路图,当开关接通 NORM(常规模式),仪表板上 NORM 指示灯点亮,同时自动变速器 ECU 的 PWR 端子的电压为 0V,ECU 从而知道选择了常规模式。当开关接通 PWR(动力模式),仪表板上 PWR 指示灯点亮,同时自动变速器 ECU 的 PWR 端子的电压为 12V,ECU 从而知道选择了动力模式。

6) 空挡起动开关

(1)功用。空挡起动开关有两个功用:一是给自动变速器 ECU 提供挡位信息;二是保证只有选挡杆置于 P 或 N 位才能起动发动机。

(2)结构、原理。如图 7-10 所示,当选挡杆置于不同的挡位时,仪表板上相应的挡位指示灯会点亮。当 ECU 的端子 N、2 或 L 与端子 E 接通时,ECU 便分别确定变速器位于 N、2 或 L 位;否则,ECU 便确定变速器位于 D 位。只有当选挡杆置于 P 或 N 位时,端子 B

与 NB 接通,才能给起动机通电,使发动机起动。

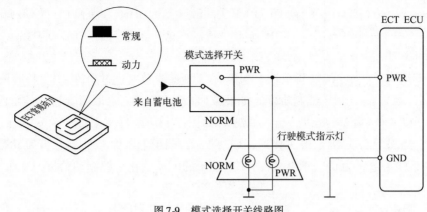

图 7-9　模式选择开关线路图

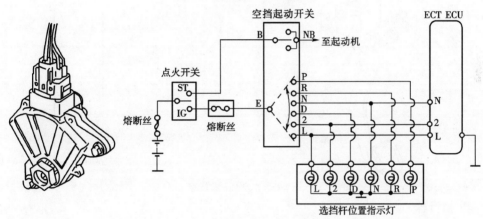

图 7-10　空挡起动开关线路图

7) OD 开关

(1) 功用。OD 开关(超速挡开关)一般安装在选挡杆上,由驾驶人操作控制,可以使自动变速器有或没有超速挡。

(2) 原理。如图 7-11 所示,当按下 OD 开关(ON),OD 开关的触点实际为断开,此时 ECU 的 OD_2 端子的电压为 12V,自动变速器可以升至超速挡,且 OD OFF 指示灯不亮。

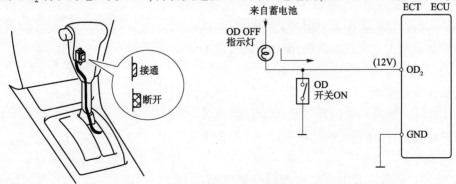

图 7-11　OD 开关 ON 的线路图

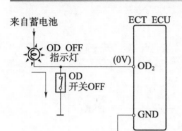

图 7-12　OD 开关 OFF 的线路图

如图 7-12 所示,当再次按下 OD 开关,OD 开关会弹起(OFF),OD 开关的触点实际为闭合,此时 ECU 的 OD_2 端子的电压为 0V,自动变速器不能升至超速挡,且 OD OFF 指示灯点亮。

8) 制动灯开关

(1) 功用。自动变速器 ECU 通过制动灯开关检测是否踩下制动踏板,如果踩下制动踏板,ECU 会取消锁止离合器的工作。

(2) 原理。如图 7-13 所示,制动灯开关安装在制动踏板支架上。当踩下制动踏板,开关接通,ECU 的 STP 端子电压为 12V;当松开制动踏板,开关断开,STP 端子电压为 0V。ECU 根据 STP 端子的电压变化了解制动踏板的工作情况。

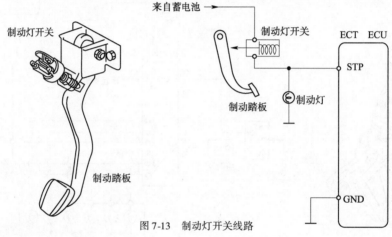

图 7-13　制动灯开关线路

3　执行器

电子控制系统的执行器主要指电磁阀和故障指示灯,这里只介绍电磁阀。

电磁阀根据功能的不同可以分为换挡电磁阀、锁止离合器电磁阀和油压电磁阀。根据工作原理的不同可以分为开关式电磁阀和占空比式(脉冲线性式)电磁阀。不同的自动变速器使用的电磁阀数量不同,一般为 3~8 个。例如上海通用的 4T65-E 自动变速器电控系统有 4 个电磁阀,其中 2 个是换挡电磁阀,1 个是油压电磁阀,1 个是锁止离合器电磁阀。而一汽大众的 01M 自动变速器电控系统则采用 7 个电磁阀。

绝大多数换挡电磁阀是采用开关式电磁阀,油压电磁阀是采用占空比式电磁阀,而锁止离合器电磁阀采用开关式的和占空比式的都有。

1) 开关式电磁阀

(1) 功用。开关式电磁阀的功用是开启或关闭液压油路,通常用于控制换挡阀和部分车型锁止离合器的工作。

(2) 结构、原理。开关式电磁阀由电磁线圈、衔铁、阀芯等组成,如图 7-14 所示。当电磁阀通电

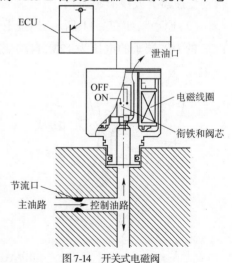

图 7-14　开关式电磁阀

时,在电磁吸力作用下衔铁和阀芯下移,关闭泄油口,主油压供给到控制油路。当电磁阀断电时,在复位弹簧的作用下衔铁和阀芯上移,打开泄油口,主油压被泄掉,控制油路压力很小。

2)占空比式电磁阀

(1)占空比的概念。占空比是指一个脉冲周期中通电时间所占的比例(百分数),如图 7-15 所示。

(2)结构、原理。占空比式电磁阀与开关式电磁阀类似,也是由电磁线圈、滑阀、弹簧等组成,如图 7-16 所示。它通常用于控制油路的油压,有的车型的锁止离合器也采用此种电磁阀控制。与开关式电磁阀不同的是,控制占空比式电磁阀的电信号不是恒定不变的电压信号,而是一个固定频率的脉冲电信号。在脉冲电信号的作用下,电磁阀不断开启、关闭泄油口。

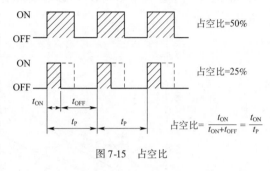

图 7-15 占空比

占空比式电磁阀有两种工作方式:一是占空比越大,经电磁阀泄油越多,油压就越低;另一种是占空比越大,油压越高。

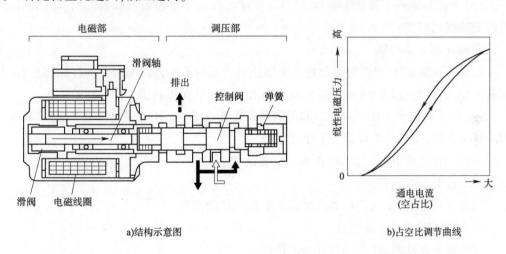

a)结构示意图　　　　b)占空比调节曲线

图 7-16 占空比式电磁阀

4 电子控制单元

电子控制单元英文缩写为 ECU,俗称电脑。自动变速器 ECU 具有换挡控制、锁止离合器控制、换挡平顺性控制、故障自诊断、失效保护等功能。

1)换挡控制

自动变速器换挡时刻的控制是 ECU 最重要的控制内容之一。汽车在某个特定工况下都有一个与之对应的最佳换挡时刻,使汽车发挥出最好的动力性和经济性。汽车行驶过程中,自动变速器 ECU 根据模式选择开关信号、节气门开度信号、车速信号等参数来打开或关闭换挡电磁阀,从而打开或关闭通往离合器、制动器的油路,使变速器升挡或降挡。

如图7-17所示常见四挡自动变速器的自动换挡图,具有如下特点:

(1)随着节气门开度增加,升挡或降挡车速增加。以2挡升3挡为例,当节气门开度为2/8时,升挡车速为35km/h,降挡车速为12km/h;当节气门开度为4/8时,升挡车速为50km/h,降挡车速为25km/h。所以在实际的换挡操作过程中,一般可以采用"收油门"的方法来快速升挡。

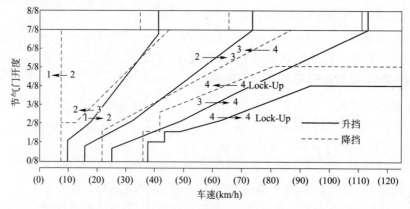

图7-17 常见四挡自动变速器的自动换挡

(2)升挡车速高于降挡车速,以免自动变速器在某一车速附近频繁升挡、降挡而加速自动变速器的磨损。

2)锁止离合器控制

自动变速器ECU将各种行驶模式下锁止离合器的工作方式编程存入存储器,然后根据各种输入信号,控制锁止离合器电磁阀的通、断电,从而控制锁止离合器的工作。

(1)锁止离合器工作的条件。如果满足以下5个条件,自动变速器ECU会接通锁止离合器电磁阀,使锁止离合器处于接合状态。

①选挡杆置于D位,且挡位在D_2、D_3或D_4挡。

②车速高于规定值。

③节气门开启(节气门位置传感器IDL触点未闭合)。

④冷却液温度高于规定值。

⑤未踩下制动踏板(制动灯开关未接通)。

(2)锁止的强制取消。如果符合下面以下条件中的任何一项,ECU就会给锁止离合器电磁阀断电,使锁止离合器分离。

①踩下制动踏板(制动灯开关接通)。

②发动机怠速(节气门位置传感器IDL触点未闭合)。

③冷却液温度低于规定值(如60℃)。

④当巡航系统工作时,如果车速降至设定车速以下至少10km/h。

3)换挡平顺性控制

自动变速器改善换挡平顺性的方法有换挡油压控制、减少转矩控制和N-D换挡控制。

(1)换挡油压控制。自动变速器在升挡和降挡的瞬间,ECU 会通过油压电磁阀适当降低主油压,以减少换挡冲击,改善换挡。也有的自动变速器是在换挡时通过电磁阀来减小蓄能器背压,以减缓离合器或制动器油压的增长率,来减少换挡冲击。

(2)减少转矩控制。在自动变速器换挡的瞬间,通过推迟发动机点火时刻或减少喷油量,减少发动机输出转矩,以减少换挡冲击和输出轴的转矩波动。

(3)N-D 换挡控制。当选挡杆由 P 位或 N 位置于 D 位或 R 位时,或由 D 位或 R 位置于 P 位或 N 位时,通过调整喷油量,把发动机转速的变化减少到最小限度,以改善换挡。

4)故障自诊断

电控自动变速器 ECU 具有内置的自我诊断系统,它不断监控各传感器、信号开关、电磁阀及其线路,当有故障时,ECU 使 OD OFF 指示灯闪烁,以提醒驾驶人或维修人员;并将故障内容以故障码的形式存储在存储器中,以便维修人员采用人工或仪器的方式读取故障码。

当故障排除后,OD OFF 指示灯将停止闪烁,不过故障码仍然会保留在 ECU 存储器中。

当 OD 开关 ON 时(OD 开关断开),如果有故障,OD OFF 指示灯将点亮而不是闪烁。

注意:不同的自动变速器,故障指示灯不同。如丰田车系采用 OD OFF,通用车系采用 Service Engine Soon 指示灯,本田车系采用 D_4 指示灯。

5)失效保护

当自动变速器出现故障时,为了尽可能使自动变速器保持最基本的工作能力,以维持汽车行驶,便于汽车进厂维修,电控自动变速器 ECU 都具有失效保护功能。

(1)当传感器出现故障时,ECU 所采取的失效保护措施是:

①节气门位置传感器出现故障时,ECU 根据怠速开关的状态进行控制。当怠速开关断开时(加速踏板被踩下),按节气门开度为 1/2 进行控制,同时节气门油压为最大值;当怠速开关接通时(加速踏板完全放松),按节气门处于全闭状态进行控制,同时节气门油压为最小值。

②车速传感器出现故障时,ECU 不能进行自动换挡控制,此时自动变速器的挡位由选挡杆的位置决定。在 D 位和 2 位时固定为超速挡或 3 挡,在 L 位时固定为 2 挡或 1 挡;或不论选挡杆在任何前进挡位,都固定为 1 挡,以保持汽车最基本的行驶能力。

③冷却液或 ATF 温度传感器出现故障时,ECU 按温度为 80℃ 的设定进行控制。

(2)电磁阀出现故障时,ECU 所采取的失效保护措施是:

①换挡电磁阀出现故障时,ECU 一般会将自动变速器锁挡,挡位与选挡杆的位置有关。如丰田车系锁挡情况见表 7-1。

丰田车系锁挡情况 表 7-1

选挡杆位置	D	2	L	R
挡位	4 挡	3 挡	1 挡	倒挡

②锁止离合器电磁阀出现故障时,ECU会停止锁止离合器的控制,使锁止离合器始终处于分离状态。

③油压电磁阀出现故障时,ECU会停止油压的控制,使油路压力保持为最大。

二 任务实施

要对自动变速器电子控制系统有所了解,首先要找到各元件的具体位置。

❶ 准备工作

(1)手电筒。

(2)科鲁兹轿车一辆。

(3)科鲁兹轿车维修手册。

❷ 技术要求与注意事项

(1)打开和盖好发动机罩时要做好安全防护。

(2)在查找电控元器件时,要时刻谨记电子和微电子器件的特性及禁忌,不可违章操作。

❸ 操作步骤

(1)检查车辆停放,变速器挡位在P位,拉紧驻车制动器操纵杆。安装四件套:座椅套、转向盘套、换挡杆套、地板垫。

(2)释放发动机罩,锁定释放杆。

(3)打开发动机罩。

(4)做好车辆保护:安放左右翼子板布、前格栅布;放置前轮车轮挡块;安装排气管接管。

(5)查找节气门位置传感器、车速传感器、冷却液温度传感器、输入轴转速传感器电气连接器、输出轴转速传感器电气连接器、换挡位置开关电气连接器等。

(6)查看完毕后,拿开左右翼子板布、前格栅布;拿开前轮车轮挡块;拆开排气管接管。

(7)盖好发动机罩。

(8)拿开四件套:座椅套、转向盘套、换挡杆套、地板垫。放好工具,清洁场地。

❹ 工作任务

(1)叙述查找到的传感器作用及基本原理。

(2)对于这些传感器,哪些与电控自动变速器运行有关联。

(3)查找维修手册,确认你所检修的传感器是属于哪种类型的传感器,做好记录。

三 学习拓展

变速器油温度传感器是一个重要的传感器,安装在控制阀上,对变速器主要进行高温控制,如图7-18所示。

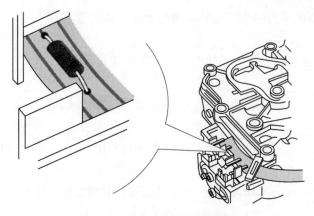

图7-18 自动变速器油温度传感器

变速器油温度高于150℃时变矩器立即进入锁止工况,30s后如果变速器油温度仍不下降,变矩器解除锁止工况,变速器退出超速挡。变速器油温度传感器自身或线束短路,数据流会显示变速器油温度高于150℃,所以变速器油温度传感器自身或线束短路后,变矩器不进入锁止工况,变速器没有超速挡,汽车没有高速。

以迈腾双离合器变速器油温度传感器为例,变速器油温度传感器为G509和G93,其中G93负责监控变速器油底壳油温度,即变速器油温度;G509(图7-19)负责监控变速器中离合器工作油温度,并根据油温度变化调节离合器冷却油的流量,并采取其他相应措施保护变速器。如果双离合器中有一个离合器打滑,电液控制单元油温度超过138℃时,变速器控制单元进入过载保护,减小发动机输出转矩,计算离合器工作油温度超过额定值的量,将发动机转矩减小到怠速上限,使离合器过载几乎不出现,达到离合器冷却系统降温的目的。随后发动机重新提供最大转矩,离合器油温度超过145℃(离合器严重打滑),停止向

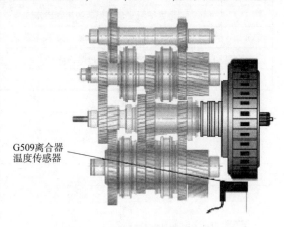

图7-19 离合器温度传感器G509

离合器供油,两个离合器处于断开位置。离合器油流出口的G509就会给变速器控制单元高温信号,控制单元进入过载保护,D位上只有一个失效保护挡。应立即更换双离合器(两个离合器必须成对更换)。

如果G509短路,数据流会显示离合器油温度超过150℃,变速器控制单元进入过载保护,D位上只有一个2挡。

四 评价与反馈

1 自我评价

(1)通过本学习任务的学习你是否已经清楚以下理论问题:

①自动变速器电子控制系统各部件的功能和具体位置是：

_____。

②各种信号、传感器和执行器的作用及基本原理是：

_____。

(2)能否在车上找到自动变速器电子控制系统各部件的具体位置？

_____。

(3)在测量自动变速器电子控制系统各部件过程中,使用了哪些专用设备？

_____。

(4)通过本学习任务的学习,你认为自己的知识和技能还有哪些欠缺？

_____。

签名：_____　　_____年____月____日

❷ **小组评价**（表7-2）

小组评价表　　　　　　　　　　　　　　　　　表7-2

序号	评价项目	评价情况
1	着装是否符合要求	
2	是否能合理规范地使用仪器和设备	
3	是否按照安全和规范的流程操作	
4	是否遵守学习、实训场地的规章制度	
5	是否能保持学习、实训场地整洁	
6	团结协作情况	

参与评价的同学签名：_____　　_____年____月____日

❸ **教师评价**

_____。

教师签名：_____　　_____年____月____日

五　技能考核标准

根据学生完成实训任务的情况对学习效果进行评价。技能考核标准见表7-3

技能考核标准表　　　　　　　　　　　　　　　　　表7-3

序号	项目	操作内容	规定分	评分标准	得分
1	识别丰田威驰轿车U540E自动变速器ECU、传感器和执行器	安全确认	8分	确认车辆停放平稳2分；安装车轮挡块2分；确认驻车制动器操纵杆已拉紧2分；确认换挡杆位于P位2分	
		前期准备	4分	安装车内防护件2分；安装车外防护件2分	

续上表

序号	项目	操作内容	规定分	评分标准	得分
1	识别丰田威驰轿车U540E自动变速器ECU、传感器和执行器	记录变速器信息	3分	车型、变速器型号、生产日期各1分	
		认识与查找输入速度传感器	4分	查资料或靠理解记忆找元件2分；叙述元件作用及基本原理2分	
		认识与查找输出速度传感器	4分	查资料或靠理解记忆找元件2分；叙述元件作用及基本原理2分	
		认识与查找ATF温度传感器	4分	查资料或靠理解记忆找元件2分；叙述元件作用及基本原理2分	
		空挡起动位置开关	4分	查资料或靠理解记忆找元件2分；叙述元件作用及基本原理2分	
		换挡电磁阀SL1	4分	查资料或靠理解记忆找元件2分；叙述元件作用及基本原理2分	
		换挡电磁阀SL2	4分	查资料或靠理解记忆找元件2分；叙述元件作用及基本原理2分	
		换挡电磁阀SL3	4分	查资料或靠理解记忆找元件2分；叙述元件作用及基本原理2分	
		换挡电磁阀SR	4分	查资料或靠理解记忆找元件2分；叙述元件作用及基本原理2分	
		换挡电磁阀SL	4分	查资料或靠理解记忆找元件2分；叙述元件作用及基本原理2分	
		换挡电磁阀DSL	4分	查资料或靠理解记忆找元件2分；叙述元件作用及基本原理2分	
		冷却液温度传感器	6分	查资料或靠理解记忆找元件2分；叙述元件作用及基本原理2分；叙述元件与自动变速器的关联2分	
		节气门位置传感器	6分	查资料或靠理解记忆找元件2分；叙述元件作用及基本原理2分；叙述元件与自动变速器的关联2分	
		车速传感器	6分	查资料或靠理解记忆找元件2分；叙述元件作用及基本原理2分；叙述元件与自动变速器的关联2分	
		曲轴位置传感器	6分	查资料或靠理解记忆找元件2分；叙述元件作用及基本原理2分；叙述元件与自动变速器的关联2分	
		发动机ECU	6分	查资料或靠理解记忆找元件2分；叙述元件作用及基本原理2分；叙述元件与自动变速器的关联2分	
		ECT ECU	6分	查资料或靠理解记忆找元件2分；叙述元件作用及基本原理2分；叙述元件与自动变速器的关联2分	

续上表

序号	项目	操作内容	规定分	评分标准	得分
	识别丰田威驰轿车U540E自动变速器ECU、传感器和执行器	使用工具	1 分	使用照明工具查看 1 分	
		5S 表现	5 分	注意收拾整理 2 分；注意清洁 1 分；操作有条理 2 分	
		操作记录	3 分	关键信息不遗漏 3 分	
	总 分		100 分		

学习任务 8　电子控制系统的检修

学习目标

★ 知识目标

1. 掌握自动变速器主要传感器的安装位置和作用；
2. 掌握自动变速器主要传感器、电磁阀的分类、结构和工作原理。

★ 技能目标

1. 查阅维修手册完成主要传感器的检修；
2. 查阅维修手册完成主要换挡电磁阀的检修。

建议课时

6 课时。

任务描述

一辆威驰轿车，出现有时不升挡故障，使用故障诊断仪检测，故障为偶发性故障。读取数据流发现自动变速器车速显示始终为 0，判断为电子控制系统中车速传感器故障。检查线路并重新安装车速传感器后故障消失。

一　理论知识准备

1　电子控制系统主要零部件的检修

电子控制自动变速器的电子控制系统中的传感器、执行器、开关等任何零部件产生故障，都会对自动变速器工作产生影响。利用汽车故障诊断仪读取故障码，可以找出控制系统大部分故障的大致范围，但要确定故障所在的具体部位，还必须进一步用万用表等简单工具，按照《自动变速器维修手册》中提供的检测方法、检测步骤及标准数据，对各零部件进行检测。另外，一些执行器的机械故障（如卡滞、泄漏等）是无法被ECU故障自诊断电路检测出来，只有通过实际检测才能发现。

为了提高电子控制自动变速器工作的可靠性，该控制系统的大部分零部件在结构上都被设计成密封式、不可分解的，损坏后也不能修复。检修的主要任务就是找出这些有故障的零部件，予以更换，从而恢复电子控制自动变速器的工作性能。

❷ 自动变速器电控系统ECU及其控制电路检修

ECU及其控制电路的故障可以用该车型的电脑检测仪或通用于各种汽车电脑解码器来检测。这些仪器可以准确地检测出ECU及其控制电路的故障所在之处。由于不同车型ECU的结构及控制电路分布形式有很大的不同，不同的电脑检测仪和电脑解码器的使用方法也有很大的不同，因此在检测之前就在熟练掌握《自动变速器维修手册》及《汽车电脑检测仪使用手册》中所提供的有关被测车型的检测技术、检测范围、检测步骤等内容。只有在此基础上，才能充分发挥检测仪的作用，得到正确的检测结果。

如果不具备电脑检测仪或电脑解码器，或被检修车型自动变速器的ECU不能采用电脑检测仪来检测，也可以采用另一种检测方法，即通过测量ECU线束插头内各接脚的工作电压来判断ECU及其控制电路工作是否正常。用这种方法检测ECU及控制电路的故障，必须以被测车型的详细维修技术资料为依据。这些技术资料包括：该车型ECU线束插头中各接脚与控制系统中的哪些传感器、执行器相连接；各接脚在发动机不同工作状态下的标准电压值，如果在检测中发现某一接脚的实际工作电压与标准值不符，即表明ECU或控制电路有故障。如果与执行器连接的接脚工作电压不正常，则表明ECU有故障；如果与传感器连接的接脚工作电压不正常，则可能是传感器损坏或电路有故障，通过进一步的检测，可找出故障所处的准确部位。

必须指出的是，这种检测方法对于判断ECU及控制电路的故障只是一种辅助的方法。因为ECU在工作中所接收或输出的信号有多种形式，如脉冲信号、模拟信号等，而一般的指针式电压表只能测出电路的平均电压值。因此，即使在检测中ECU各脚的电压都正常，也不能说明ECU绝对没有故障，当自动变速器控制系统工作不正常时，如果用这种方法检测，仍未发现异常现象，必须采用总成互换的方法来判断ECU是否有故障。

在检测ECU线束各接脚工作电压时，应注意以下几点：

（1）在检测之前，应先检查自动变速器控制系统及其他电气系统各熔断丝及有关的线束插头是否正常。在点火开关处于开启位置时，蓄电池电压应不低于11V。过低的蓄电池电压会影响测量结果。

（2）必须使用高阻抗的电压表，低阻抗的电压表可能会损坏ECU。

（3）必须在ECU和线束插头处于连接的状态下测量ECU各接脚的电压。

(4) 应从线束插头的导线一侧插入测笔来测量各接脚的电压。

(5) 不可在拔下 ECU 线束插头的状态下,直接测量各接脚电阻,否则可能损坏 ECU。

(6) 若要拔下 ECU 的线束插头,测量各控制线路,应先拆下蓄电池搭铁线。不可在蓄电池连接完好的状态下拔下 ECU 的线束插头,否则会损坏 ECU。

(7) 应可靠地连接 ECU 的线束插头,否则可能损坏 ECU 内的集成电路等电子元件。

二 任务实施

❶ 准备工作

(1) 工具:常用工具一套,汽车万用表。

(2) 设备:操作台、节气门位置传感器。

(3) 维修手册、工作记录表、评分表。

❷ 技术要求与注意事项

(1) 参阅维修手册对节气门位置传感器进行规范检测。

(2) 在测量时要注意万用表的量程。

❸ 操作步骤

节气门位置传感器的检测程序是:

(1) 拔去节气门位置传感器的线束插头。

(2) 用万用表在节气门位置传感器接线插座上测量怠速开关的导通情况(图 8-1)。当节气门全闭时,怠速开关应导通;当节气门开启时,怠速开关应不导通。否则,应调整或更换节气门位置传感器。

(3) 用万用表测量节气门位置传感器中线性电位计的电阻(图 8-2 中 E2 和 VTA 之间的电阻)。该电阻应能随节气门开度的增大而呈线性增大。

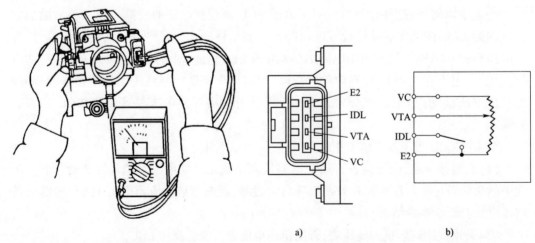

图 8-1 节气门位置传感器的检测　　　　图 8-2 雷克萨斯 LS400 轿车节气门位置传感器电路

（4）将测量结果与表8-1进行比较。如有不符,应调整或更换节气门位置传感器。

雷克萨斯 LS400 轿车节气门位置传感器的检测标准　　　表 8-1

测量端	节气门开度或节气门摇臂与限位螺钉之间的间隙(mm)	电阻(kΩ)
IDL—E	0.40	0
	0.65	
VAT—E2	全闭	0.34~6.3
	全开	2.4~11.2
VC—E	任意开度	3.1~7.2

三 学习拓展

通常电子控制系统出现故障时,ECU 的自诊断系统均以故障码的形式出现,不同类型的车型,其出现故障码的方式及读取的形式都不相同,可以通过人工诊断或专用仪器读取故障码,进行有针对性的检查和维修,通过查找维修手册对故障元件或相关的线路进行检修或更换元件。

参阅维修手册,对控制单元(ETC ECU、PCM 或 ECU)的检查,如图 8-3 所示。

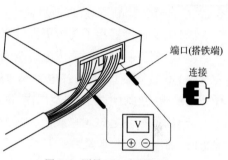

图 8-3　测量 ECU 电源电压

❶ 根据所维修的车辆,查阅维修手册,按以下过程进行检测。

（1）找到 ECU 的安装位置。

（2）查看 ECU 的端子连接图,查找 ECU 的电源端子的编号,搭铁端子的编号。

（3）查阅维修手册,测量点火开关在 ON 位置时,保持 ECU 线束的状态,使用万用表测量 ECU 电源端子、各换挡电磁阀、油压控制电磁阀、变矩器锁止电磁阀、急速触点和点火(IC)等触点与搭铁端的电压。

（4）上述端子的测量数值与维修手册提供的数据进行比对,如有异常,根据供电电路图,检查如下相关元件或线路:

①检查熔断丝是否烧断。

②检查点火开关与 ECU 端口电源或搭铁主线束之间的线束短路或开路。

③检查点火开关端子电压是否正常。

④检查蓄电池到点火开关的线束连接情况。

⑤检查主继电器是否正常。

（5）检查 ECU 搭铁电路。

①将点火开关转到 OFF 的位置。

②断开 ECU 线束插头。

③检查 ECU 搭铁端子与搭铁之间是否导通。

④如果正常,检查线束是否与搭铁短路和与电源短路。

汽车 ECU 在正常使用下一般不容易出现故障,故障通常是由于外界环境或操作不当引起的，主要原因有：进水、过热或振动等环境因素；电路内的短路引起的电流超载；在拆装过程中的不规范操作，如安装ECU时未断开蓄电池电源等。

❷ 变速器控制模块总成的检查

变速器控制模块总成是整个变速器的控制机构，同时有些车型变速器的ECU也集成于此，高度集成化的设计节省了发动机舱内部的空间，而且可以很好地屏蔽来自发动机舱内各种电信号的干扰。阀体总成中的控制模块主要由电磁阀构成，通过它们对油路的控制即可实现挡位的变化。因此需要对变速器控制模块总成进行检查。

(1) 检查控制电磁阀总成连接器和针脚的状况，如损坏、针脚弯曲、碎屑、固定凸舌断裂、污染，根据情况进行修理或更换。

(2) 确认连接器端子针脚周围没有金属碎屑，必要时进行清洁。

(3) 检测控制电磁阀总成电磁绕圈引线是否被污染或有金属碎屑，必要时进行清洁。

(4) 室温条件下，确认各电磁阀电磁线圈引线间的电阻均在所规定的范围内。如果任一电磁阀的电阻不在所列范围内，则更换控制阀体总成。

(5) 检测控制电磁阀总成上的两个滤清器隔板固定凸舌是否开裂以及当固定滤清器隔板时，确保合适的张紧力。

四 评价与反馈

❶ 自我评价

(1) 通过本学习任务的学习你是否已经清楚以下理论问题：

①用汽车电脑解码器检测：
_____。

②检测汽车ECU板线束各接脚工作电压：
_____。

(2) 怎样测量自动变速器各传感器？
_____。

(3) 在测量自动变速器各传感器过程中，使用了哪些专用设备？
_____。

(4) 通过本学习任务的学习，你认为自己的知识和技能还有哪些欠缺？
_____。

签名：_____ ____年___月___日

❷ 小组评价(表8-2)

小组评价表　　　　　表8-2

序号	评价项目	评价情况
1	着装是否符合要求	
2	是否能合理规范地使用仪器和设备	
3	是否按照安全和规范的流程操作	

续上表

序号	评价项目	评价情况
4	是否遵守学习、实训场地的规章制度	
5	是否能保持学习、实训场地整洁	
6	团结协作情况	

参与评价的同学签名：_____ _____年___月___日

❸ 教师评价

_____
_____。

教师签名：_____ _____年___月___日

五 技能考核标准

根据学生完成实训任务的情况对学习效果进行评价。技能考核标准见表8-3。

技能考核标准表　　　　　表8-3

序号	项目	操作内容	规定分	评分标准	得分
1	检测节气门位置传感器	安全确认	8分	确认车辆停放平稳2分；安装车轮挡块2分；确认驻车制动器操纵杆已拉紧2分；确认换挡杆置于P位2分	
		前期准备	4分	安装车内防护件2分；安装车外防护件2分	
		记录变速器信息	4分	车型、发动机型号、变速器型号、生产日期各1分	
		查找节气门位置传感器	6分	查资料或靠理解记忆找元件2分；叙述元件作用及基本原理2分；叙述元件与自动变速器的关联2分	
		画出节气门位置传感器电路简图	6分	画图正确6分	
		标出节气门位置传感器所有端子的编号与所有线的名称	8分	标出节气门位置传感器所有端子的编号2分；标出节气门位置传感器所有线的名称2分	
		根据电路图,通过测量判断各线位置	8分	测量判断各线位置各2分	
		节气门全开或全关时,检测各脚之间电阻	12分	V_{TA} 与 E_2 的电阻4分；V_C 与 E_2 的电阻4分；IDL 与 E_2 的电阻4分	
		节气门全开或全关时,检测各脚之间电压	12分	V_{TA} 与 E_2 的电压4分；V_C 与 E_2 的电压4分；IDL 与 E_2 的电压4分	

续上表

序号	项目	操作内容	规定分	评分标准	得分
2	开关式电磁阀的就车检查	用举升器将汽车升起	2分	安全使用举升器2分	
		拆下自动变速器的油底壳	2分	拆下自动变速器的油底壳2分	
		拔下电磁阀的线束插头	2分	拔下电磁阀的线束插头2分	
		测量电磁阀线圈的电阻	4分	会用万用表测电阻2分；根据电阻值判断电磁阀线圈好坏2分	
		判断电磁阀工作正常	4分	会用12V电源施加在电磁阀线圈上，判断电磁阀是否工作正常4分	
		使用工具	10分	使用照明工具查看1分；使用汽车万用表检测1分；使用碰触工具用力适当2分；正确选择拆装工具2分；掌握拆装技巧2分；工具不掉落，不随便放置2分	
		5S表现	5分	注意收拾整理2分；注意清洁1分；操作有条理2分	
		操作记录	3分	关键信息不遗漏3分	
	总 分		100分		

项目五　自动变速器的检修

学习任务9　自动变速器的拆解与装配

 学习目标

★ 知识目标
1. 能叙述行星齿轮机构的作用、组成和工作过程；
2. 能叙述行星齿轮机构的变速原理。

★ 技能目标
1. 能够使用各种媒体查阅所需资料；
2. 能够制订自动变速器的拆装计划、确定流程；
3. 能根据维修手册，安全规范地分解、组装各换挡执行元件，并能进行检查，记录结果。

 建议课时

6课时。

 任务描述

一辆装备 A341E 自动变速器的丰田轿车，行车时 D 挡加速无力，R 挡正常。需要进行检测，确定故障部位并进行修理。

一　理论知识准备

1 自动变速器维修注意事项

（1）自动变速器发生故障需要拖回修理厂时，应把传动轴拆掉后用牵引车拖回，或者把驱动轮抬起后用牵引车拖回。

(2) 在自动变速器需要解体时,应彻底清洁变速器外壳,以避免解体后变速器内部的精密液压元件受灰尘或其他杂质的污染。

(3) 应在清洁的场地进行解体。零件解体时,一定要按顺序摆放在零件架上,以便能按正确的位置将其装回和避免漏装某个零件。若因配件暂时缺乏而无法将某一组件装配起来,则应将该组件中的所有零部件有顺序地单独置于一处。

(4) 对不可重复使用的零件,如开口销、垫片、O 形圈、油封等一定要更换新的,这类不可重复使用的零件在相应的汽车或自动变速器总成维修手册中,一般均用特殊符号标出。

(5) 修理中新换的密封油环、离合器摩擦片、离合器钢片、零部件配合的旋转或滑动表面,在装配时都应以自动变速器油加以涂抹,对新的离合器摩擦片,最好将其浸泡在自动变速器油中至少 15min 后再进行装配。如果更换整个离合器或制动器,那么新的离合器或制动器在装用前也要在自动变速器油中浸泡 15min 以上。

(6) 螺栓、螺母是预涂零件,在原厂装配前已涂好一层密封紧固胶。如果预涂件被重新紧固、拧松或以任何方式动过,都必须用规定的密封紧固胶重新涂抹。重涂时,应首先清除掉螺栓、螺母或其他安装零件螺纹上的旧密封紧固胶,用压缩空气吹干后,用规定的密封紧固胶涂在螺栓、螺母或螺纹上。预涂件一般在维修手册中也用特殊符号标示出来了。

(7) 在重新组装变速器之前,应用普通的非易燃熔剂仔细地清洗所有的零件。应用尼龙布或纸将零件擦净,而不要用普通的棉纱。否则棉纱留下的棉绒会影响自动变速器正常工作。

(8) 组装时,应给所有零件涂上一层自动变速器油。在 O 形圈上可涂凡士林油,以便于安装,但不得使用其他的润滑脂。在组装时,要特别注意不要损伤 O 形圈和衬垫等密封零件。

(9) 自动变速器拆修后,应用新的规定牌号自动变速器油将其充满。

❷ 丰田 A341E 自动变速器结构特点

丰田 A341E 自动变速器外部结构如图 9-1 所示。

丰田 A341E 自动变速器是在原来三挡辛普森自动变速器的基础上增加一套单排行星齿轮机构而成,其结构如图 9-2 所示。

从图 9-2 中可以看出,增加的行星齿轮机构安装在自动变速器的前部,称为超速行星排。超速行星排主要由一个简单的行星齿轮组、一个固定太阳轮的制动器 B0、一个连接太阳轮和行星架的超速挡离合器 C0、一个超速挡单向离合器 F0 组成。

四挡辛普森行星齿轮变速器由四挡辛普森行星齿轮机构和换挡执行元件两大部分组成。其中四挡辛普森行星齿轮机构由三排行星齿轮机构组成,前面一排称为超速行星排,中间一排称为前行星排,后面一排称为后行星排。输入轴与超速行星排的行星架相连,超速行星排的齿圈与中间轴相连,中间轴通过前进挡离合器或直接挡、倒挡离合器与前、后行星排相连。前、后行星排的结构特点是:共用一个太阳轮,前行星排的行星架与后行星排的齿圈相连并与输出轴相连。A341E 自动变速器内部结构如图 9-3 所示。

项目五 自动变速器的检修

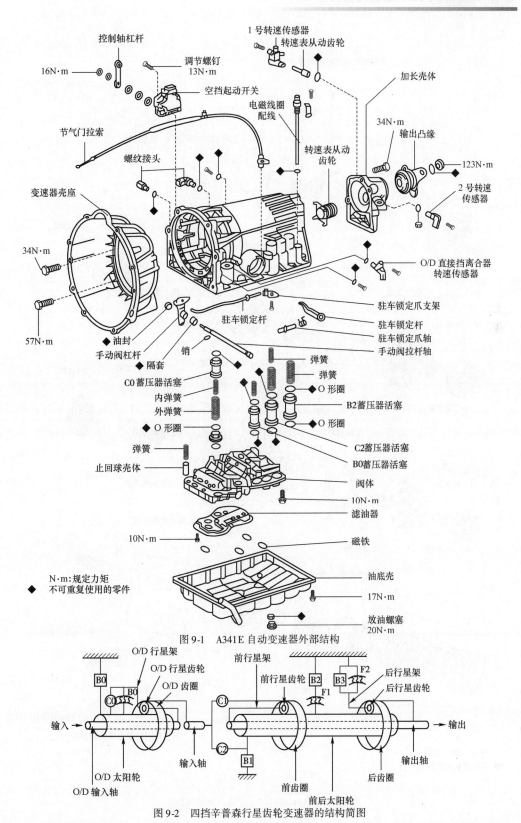

图 9-1 A341E 自动变速器外部结构

图 9-2 四挡辛普森行星齿轮变速器的结构简图

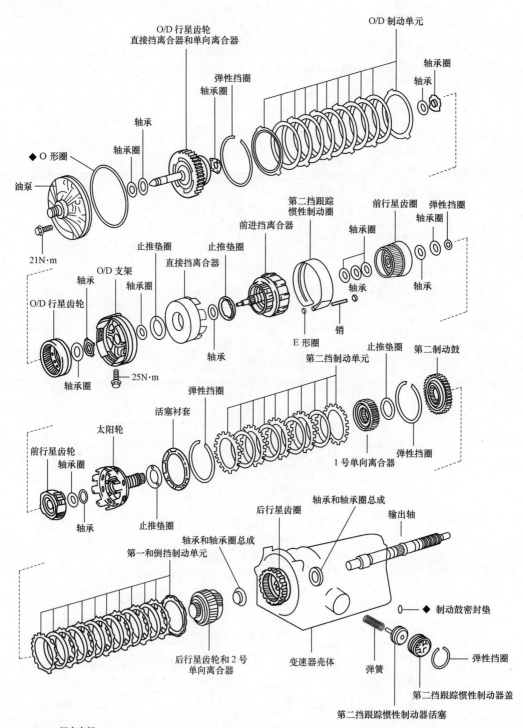

图9-3 A341E自动变速器内部结构简图

项目五 自动变速器的检修

换挡执行机构包括三个离合器、四个制动器和三个单向离合器共10个元件。具体的功能见表9-1。

换挡执行元件功能表　　　　　　　　　　　　　　　表9-1

换挡执行元件		功　　能
C0	超速挡(OD)离合器	连接超速行星排太阳轮与超速行星排行星架
C1	前进挡离合器	连接中间轴与前行星排齿圈
C2	直接挡、倒挡离合器	连接中间轴与前后行星排太阳轮
B0	超速挡(OD)制动器	制动超速行星排太阳轮
B1	2挡滑行制动器	制动前后行星排太阳轮
B2	2挡制动器	制动F1外座圈,当F1也起作用时,可以防止前后行星排太阳轮逆时针转动
B3	低挡、倒挡制动器	制动后行星排行星架
F0	超速挡(OD)单向离合器	连接超速行星排太阳轮与超速行星排行星架
F1	2挡(一号)单向离合器	当B2工作时,防止前后行星排太阳轮逆时针转动
F2	低挡(二号)单向离合器	防止后行星排行星架逆时针转动

变速器在各挡位时,换挡执行元件的工作情况见表9-2。

换挡执行元件工作表　　　　　　　　　　　　　　　表9-2

换挡杆位置	挡位	换挡执行元件										发动机制动
		C0	C1	C2	B0	B1	B2	B3	F0	F1	F2	
P	驻车挡	○										
R	倒挡	○		○				○	○			
N	空挡	○										
D	1挡	○	○						○		○	
D	2挡	○	○				○		○	○		
D	3挡	○	○	○			○		○			
D	4挡(OD挡)		○	○	○		○					
2	1挡	○	○						○		○	
2	2挡	○	○			○	○		○	○		○
2	3挡	○	○	○			○		○			○
L	1挡	○	○					○	○		○	
L	2挡	○	○				○	○	○			○

说明:○表示换挡元件工作。

二 任务实施

1 准备工作

(1)工具:常用工具一套、塞尺、游标卡尺、直尺、轴承顶拔器。

(2)设备:空气压缩机、操作台、丰田车(A341E 自动变速器)一辆。

(3)维修手册、工作记录表、评分表。

(4)翼子板布、前格栅布、三件套、车轮挡块。

(5)填写车辆基本信息表,见表9-3。

车辆基本信息表　　　　　　　　　　　　　　表9-3

项　目	具　体　信　息
车牌号码	
行驶里程	
发动机型号及排量	
车辆识别代码(VIN)	

❷ 技术要求与注意事项

(1)对不可重复使用的零件一定要更换新的。

(2)修理中新换的密封油环、离合器摩擦片、离合器钢片、零部件配合的旋转或滑动表面,在装配时都应以自动变速器油加以涂抹或者浸泡。

(3)如果预涂件被重新紧固、拧松或以任何方式动过,都必须用规定的密封紧固胶重新涂抹。

❸ 操作步骤

1)从车上拆卸自动变速器

在拆卸自动变速器之前,应关闭汽车点火开关,拆下蓄电池负极电缆,放掉自动变速器油。自动变速器及其周围零部件与总成参见图9-4。

(1)拆下自动变速器节气门拉索,拔下自动变速器上所有线束插头,拆除车速表软轴、油管、变速杆与手动阀摇臂的连接杆等所有与自动变速器连接的零部件。

(2)拆下排气管支架和排气催化转化器。

(3)拆下两侧的隔热罩,脱开自动变速器油冷却管。

(4)拆下液力变矩器板,转动曲轴,拆除6个液力变矩器安装螺栓。

(5)拆下自动变速器与车架的连接支架,用千斤顶托住自动变速器。

(6)拆下自动变速器和飞轮壳的连接螺栓,将变矩器和自动变速器一同抬下。

2)分解自动变速器附件

丰田 A341E 自动变速器附件如图9-1所示。

分解步骤如下:

(1)清洁自动变速器外部,拆除所有安装在自动变速器壳体上的零部件,如加油管、空挡起动开关、车速传感器、输入轴传感等。

(2)从自动变速器前方取下液力变矩器,松开紧固螺栓,拆下自动变速器前端的液力变矩器壳,拆除输出轴凸缘和自动变速器后端壳,从输出轴上拆下车速传感器的感应转子。

(3)拆下油底壳:取下油底壳连接螺栓后,用维修专用工具的刃部插入变速器与油底壳之间,切开所涂密封胶,注意不要损坏油底壳凸缘。

项目五　自动变速器的检修

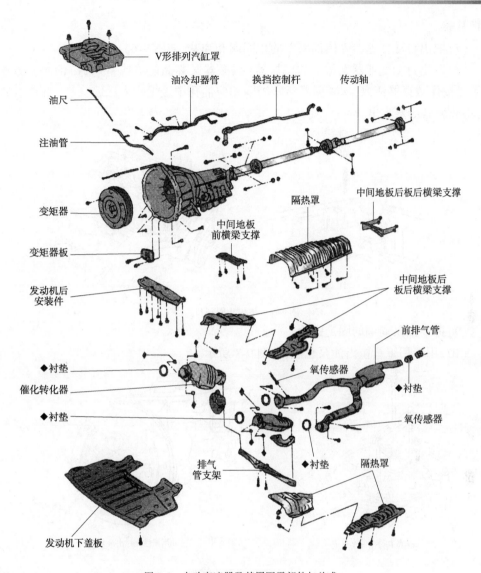

图 9-4　自动变速器及其周围零部件与总成

(4) 检查油底壳中的颗粒。拆下磁铁，观察其收集的金属颗粒，若是钢（磁性）材料，则说明轴承、齿轮和离合器钢片存在磨损，若是黄铜（非磁性）材料，则说明是衬套磨损。

(5) 拆下连接的阀板上的所有线束插头，拆下4个电磁阀，拆下与节气门阀连接的节气门拉索，用一字螺丝刀把液压油管小心地撬起取下，松开进油滤网与阀板之间的固定螺栓，从阀板上拆下进油滤清器。

(6) 拔下连接在阀板上的所有线束插头，拆除与节气门连接的节气门拉索，松开阀板与自动变速器壳体之间的固定螺栓，如图9-5所示，取下

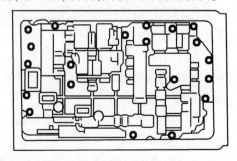

图 9-5　A341E 和 A342E 自动变速器阀板固定螺栓

阀板总成。

(7)取出自动变速器壳体油路中的止回阀和弹簧,如图9-6a)所示。

(8)取出自动变速器壳体上的减振器(减振器又称储能器或蓄压器)活塞。方法是:用手指按住减振器活塞,从减振器活塞周围相应油孔中缓慢吹入压缩空气,如图9-6b)所示,将减振器活塞吹出。

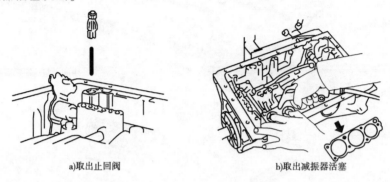

a)取出止回阀　　　　b)取出减振器活塞

图9-6　取出止回阀和活塞

(9)拆下油泵周围的固定螺栓。

(10)用专用工具拉出油泵总成,如图9-7所示。

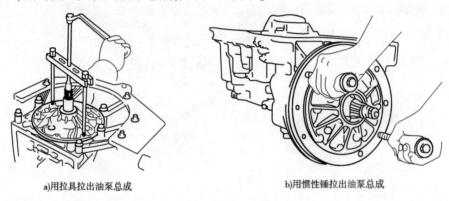

a)用拉具拉出油泵总成　　　　b)用惯性锤拉出油泵总成

图9-7　油泵的拆卸

3)分解行星齿轮变速机构

(1)取出超速行星架和直接离合器组件及超速齿圈,如图9-8所示,将所有组件和零件按分解顺序依次排放,以便于检修和组装,要特别注意各个止推垫片、止推轴承的位置,不可错乱。

(2)用一字螺丝刀拆下超速制动器卡环,取出超速制动器钢片和摩擦片,如图9-9所示。拆下超速制动器鼓的卡环,松开壳体上的固定螺栓,用拉具拉出超速制动器鼓,拉出时要保持平衡拉出。

(3)从外壳上拆下2挡强制制动带液压缸缸盖卡环,用手指按住液压缸缸盖,从液压缸进油孔中缓缓吹入压缩空气,将液压缸缸盖和活塞吹出,如图9-10所示。

(4)取出中间轴、高挡及倒挡离合器和前进离合器组件,如图9-11所示。拆除2挡强制制动带锁轴,取出制动带。

项目五 自动变速器的检修

图9-8 分解行星齿轮机构一

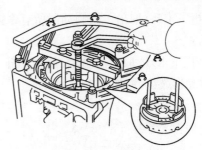

图9-9 分解行星齿轮机构二

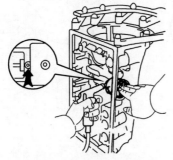

图9-10 分解行星齿轮机构三

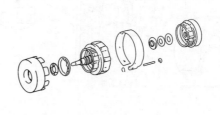

图9-11 分解行星齿轮机构四

(5)将自动变速器立起,用木块垫住输出轴,如图9-12所示。

(6)拆下前行星架上的卡环,如图9-13所示。

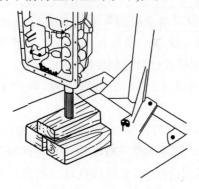

图9-12 分解行星齿轮机构五

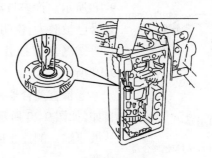

图9-13 分解行星齿轮机构六

(7)取出前行星架和行星齿轮组件,如图9-14所示。

(8)取出前后太阳轮组件和低挡单向超越离合器,如图9-15所示。

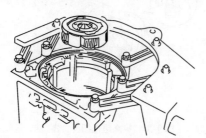

图9-14 分解行星齿轮机构七

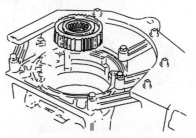

图9-15 分解行星齿轮机构八

(9)拆下卡环,取出2挡制动器所有摩擦片、钢片及活塞衬套,拆卸2挡制动器,如图9-16所示。

(10)拆下卡环,取出输出轴、后行星排、前进挡单向超越离合器、低挡及倒挡制动器和2挡制动器鼓组件,如图9-17所示。

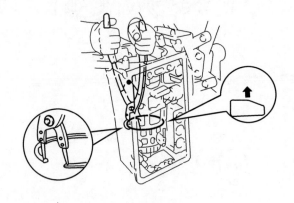

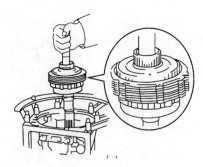

图9-16 分解行星齿轮机构九　　　　　　图9-17 分解行星齿轮机构十

三 学习拓展

(1)检查超速挡离合器(C0)。

①检查离合器的摩擦片,如有烧焦、表面粉末冶金层脱落或翘曲变形,应更换,如图9-18所示。许多自动变速器的摩擦片表面上印有符号,若这些符号已被磨去,说明摩擦片已磨损到极限,则应更换。

②测量摩擦片的厚度,若小于极限厚度,则应更换,如图9-19所示。

③检查离合器活塞上的止回阀,其阀球应能在阀座内活动自如,如图9-20所示。用压缩空气或煤油检查止回阀的密封性,从液压缸一侧往止回阀内吹气,密封应良好。如有异常,应更换活塞。

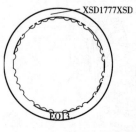

图9-18 检查超速挡离合器一

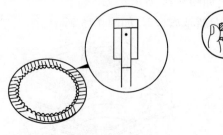

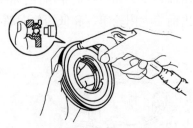

图9-19 检查超速挡离合器二　　　　　　图9-20 检查超速挡离合器三

(2)观察各换挡执行元件的功能,并将结果记录在表9-4中。

换挡执行元件功能记录表　　　　　　　　　　　　　　　　　表9-4

换挡执行元件		与主动件连接的元件	与从动件连接的元件	功能
C0	超速挡(OD)离合器	超速挡行星架	超速挡太阳轮	把动力从超速挡行星架传递给太阳轮
C1	前进挡离合器			
C2	直接挡、倒挡离合器			
B0	超速挡(OD)制动器			
B1	2挡滑行制动器			
B2	2挡制动器			
B3	低挡、倒挡制动器			
F0	超速挡(OD)单向离合器			
F1	2挡(一号)单向离合器			
F2	低挡(二号)单向离合器			

四 评价与反馈

❶ 自我评价

(1)通过本学习任务的学习你是否已经清楚以下理论问题。

①装有自动变速器的汽车拖行时要注意哪些事项?＿＿＿＿＿＿＿＿＿＿＿

②自动变速器维修时要注意哪些事项?＿＿＿＿＿＿＿＿＿＿＿

(2)拆解汽车自动变速器有哪些步骤?

＿＿＿＿＿＿＿＿＿＿＿＿＿＿＿＿＿＿＿＿＿＿＿＿＿＿＿＿＿＿＿＿。

(3)拆解汽车自动变速器过程中,使用了哪些专用设备?

＿＿＿＿＿＿＿＿＿＿＿＿＿＿＿＿＿＿＿＿＿＿＿＿＿＿＿＿＿＿＿＿。

(4)通过本学习任务的学习,你认为自己的知识和技能还有哪些欠缺?

＿＿＿＿＿＿＿＿＿＿＿＿＿＿＿＿＿＿＿＿＿＿＿＿＿＿＿＿＿＿＿＿。

签名:＿＿＿＿＿＿＿　　＿＿＿年＿＿月＿＿日

❷ 小组评价(表9-5)

小 组 评 价 表　　　　　　　　　　　　　　　　　　　　表9-5

序号	评价项目	评价情况
1	着装是否符合要求	
2	是否能合理规范地使用仪器和设备	
3	是否按照安全和规范的流程操作	
4	是否遵守学习、实训场地的规章制度	
5	是否能保持学习、实训场地整洁	
6	团结协作情况	

参与评价的同学签名:＿＿＿＿＿＿＿＿＿＿　　＿＿＿年＿＿月＿＿日

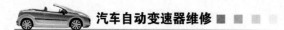

3 教师评价

_____

_____。

教师签名：_____　　_____年___月___日

五 技能考核标准

根据学生完成实训任务的情况对学习效果进行评价。技能考核标准见表9-6。

技能考核标准表　　　　　　　　表9-6

序号	项目	操作内容	规定分	评分标准	得分
1	从汽车上拆下汽车自动变速器总成	安全确认	10分	确认车辆停放平稳2分； 安装车轮挡块2分； 确认驻车制动器操纵杆已拉紧3分； 确认换挡杆置于P位3分	
		前期准备	6分	清洁变速器外壳2分； 安装车内防护件2分； 安装车外防护件2分	
		记录车辆铭牌信息	4分	VIN、车型、发动机型号、排量各1分	
		拆下自动变速器	10分	零部件的正确摆放5分； 线束的拆卸5分	
2	自动变速器总成的拆装	认识与查找元器件	4分	根据故障码查找到元件2分； 查资料或靠理解记忆找2分	
		分解自动变速器附件	6分	查看安装状况并判断2分； 查看连接状况并判断2分； 查看线束状况并判断2分	
		分解行星齿轮变速机构	5分	用手或相关工具碰触2分； 连接部位状况并判断3分	
		分解超速挡(OD)离合器(C0)	5分	拆装3分； 使用合适工具拆装2分	
		检查超速挡离合器(C0) 装配超速挡(OD)离合器	20分	使用照明工具查看2分； 使用碰触工具用力适当4分； 正确选择拆装工具10分； 掌握拆装技巧2分； 工具不掉落、不随便放置2分	
		分解行星排、单向超越离合器 装配行星排、单向超越离合器和各轴承 正确组装行星齿轮变速器	22分	使用照明工具查看2分； 使用碰触工具用力适当4分； 正确选择拆装工具10分； 掌握拆装技巧4分； 工具不掉落、不随便放置2分	

项目五　自动变速器的检修

续上表

序号	项目	操作内容	规定分	评分标准	得分
2	自动变速器总成的拆装	5S表现	5分	注意收拾整理2分； 注意清洁1分； 操作有条理2分	
		操作记录	3分	关键信息不遗漏3分	
	总　　　分		100分		

学习任务 10　自动变速器各部件的检修

学习目标

知识目标

1. 熟悉液力变矩器的检查与清洗；
2. 熟悉油泵的拆装与检查；
3. 熟悉各换挡元件的拆装与检查；
4. 熟悉电磁阀的检查与测试。

技能目标

1. 能够使用各种媒体查阅所需资料；
2. 通过测量油泵的磨损程度能判定其好坏；
3. 能对电磁阀的性能测试。

建议课时

4课时。

任务描述

一辆装备自动变速器的威驰轿车，出现故障后，现需要对液压控制系统、电控系统进行检修。

一　理论知识准备

（一）机械部分的检修

 液力变矩器

（1）目视法外观检查。检查液力变矩器外部有无损坏和裂纹，轴套外径有无磨损，驱动油泵的轴套缺口有无损伤。如有异常,应更换液力变矩器。

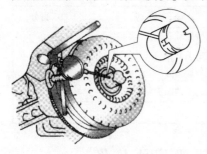

（2）径向圆跳动检查。将液力变矩器安装在发动机飞轮上。用千分表按图 10-1 所示方法检查变矩器轴套的径向圆跳动。转动飞轮一周,千分表的指针偏摆应小于 0.03mm,否则,需转换一个角度后重新安装,然后再进行测量。如果径向圆跳动在允许的范围之内,应做一记号,以保证安装正确。如果径向圆跳动始终不能调整到允许的范围以内,则应更换液力变矩器。

图 10-1　检查变矩器轴套的径向圆跳动

（3）检查导轮单向离合器。将专用工具插入变矩器,转动单向离合器内座圈,检查单向离合器是否良好。顺时针转动时应能自由转动,逆时针转动时应锁止。如果顺时针转动时有卡滞,或逆时针转动时能转动,都应更换液力变矩器。

（4）清洗。用 2L 自动变速器油加入液力变矩器内部,摇动并清洗内部,倒出油液。同样再清洗一次即可。

❷ 油泵

（1）检查齿轮端面间隙。正常间隙为 0.02～0.05mm。如果间隙超过 0.1mm,应更换齿轮、油泵壳体或油泵总成。

（2）检查齿圈与壳体间隙。检查油泵齿圈与油泵壳体之间的间隙时,将齿轮推向泵体一侧,用塞尺测量其间隙,正常间隙为 0.07～0.15mm。如果间隙超过 0.3mm,应更换齿圈、油泵壳体或油泵总成。

（3）检查齿轮、齿圈与月牙板之间的间隙。用塞尺测量齿轮、齿圈与月牙板之间的间隙,正常值为 0.11～0.14mm。如果间隙超过 0.3mm,应更换齿轮、油泵壳体或油泵总成。

（4）检查磨损状况。检查油泵齿轮、齿圈、油泵壳体端面有无磨损痕迹,如有应更换新件。

❸ 制动器与离合器

（1）直观检查摩擦片,看其有无烧焦、表面剥落或变形。如有,应更换离合器摩擦片。

（2）检查摩擦片的厚度,如果厚度小于极限值,则应更换摩擦片。有时摩擦片表面印有符号（图 10-2）,如果这些摩擦片的符号已被磨掉,也说明摩擦片已磨至极限,需要换新的摩擦片。

（3）检查钢片是否出现磨损过度、翘曲变形的情况。若有,则需要换。

图 10-2　通过摩擦片上的符号检查厚度

（4）检查离合器和制动器活塞表面和液压缸内表面有无损伤。若有,则需要换。

（5）检查挡圈的摩擦面,若有磨损,应予以更换。

（6）检查活塞上的止回阀,摇动活塞时,止回阀应活动自如。从液压缸侧往止回阀吹压缩空气,如图 10-3 所示,止回阀应密封不漏气。如果检查有异常,需更换活塞。

(7)检查活塞复位弹簧的自由长度,如图 10-4 所示。应不超过极限值,否则需更换。

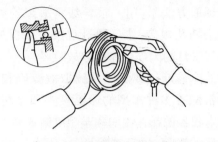
图 10-3　检查活塞止回阀的密封性

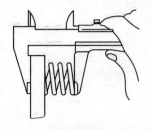
图 10-4　检查活塞复位弹簧自由度

(8)更换所有离合器、制动器(及制动带)液压缸活塞上的 O 形密封圈及轴颈上的密封环。新密封环应涂上少许自动变速器油或凡士林后装入。

4 行星齿轮单向离合器

(1)目视检查太阳轮、行星轮和齿圈的齿面,如有磨损、斑点或疲劳剥落,应更换整个行星排。

(2)检查行星轮与行星架之间的间隙,如图 10-5 所示,其间隙应不超过极限值,否则应更换止推垫片或行星架和行星轮组件。

(3)检查太阳轮、行星架、齿圈等零件的轴颈或滑动轴承处有无磨损,如有磨损,应更换新件。

(4)检查单向离合器滚柱、保持架、内外滚道有无破损、磨损、起槽等。若有,应更换新件。

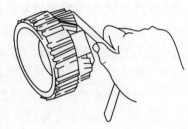
图 10-5　检查行星轮与行星架之间的间隙

(二)阀体部分的检修

(1)将上下阀体和所有控制阀的零件用清洁的煤油或汽油清洗干净。

(2)目视检查控制阀表面是否光滑,如有轻微刮伤痕迹,可用金相砂纸抛光。

(3)如控制阀卡死在阀孔中,应更换阀体总成。

(4)更换所有一次性零件,如密封纸垫、塑料止回阀和橡胶止回阀等。

(5)检查各控制阀弹簧的自由长度,如果不符合标准应更换新件。

(三)电控系统的检修

1 故障自诊断

电控自动变速器 ECU 内部有一个故障自诊断电路,它能在汽车行驶过程中不断监测自动变速器控制系统各部分的工作情况,能检测出控制系统中大部分故障,并将故障以故障码的形式存储在 ECU 存储器中。维修人员可通过读取故障码确定故障部位,以便进行维修。

汽车的控制电路上有一个专用的 ECU 故障检测插座,其通常位于发动机附近或驾驶

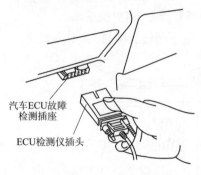

图 10-6 汽车 ECU 故障检测插座

室仪表板下方(图 10-6),通过线路与汽车各部分 ECU 连接。

人工读取方法是:用一根导线将故障检测插座内特定的两个插孔短接,然后通过观察仪表板上自动变速器故障警告灯的闪烁规律读取故障码。

专用故障诊断仪或解码器读取故障码和数据流。诊断仪通常配有多种车型的诊断接头和诊断卡,具体使用请参考仪器的操作说明和车型维修数据。

故障码的清除:故障排除后,关闭点火开关,同时取下 EF 1 熔断丝(15A) 10s 以上,即可清除 ECU 中的故障码;取下蓄电池负极电缆,也可将 ECU 中的故障码清除。或用专用故障诊断仪清除。

2 传感器与执行器的检修

电控自动变速器电控系统中的传感器、执行器、开关等任何零部件产生故障,都会对自动变速器的工作产生影响。利用电脑检测仪读取故障码,可以找出控制系统大部分故障的大致范围,但要确定故障所在的具体部件,还必须进一步用万用表等简单工具,按照维修手册中提供的检测方法、检测步骤及标准数值,对各个零部件进行检测。另外,一些执行器的机械故障无法被 ECU 故障自诊断电路检测出来,只有通过实际检测才能发现,如车速传感器、节气门位置传感器等。

1)自动变速器油温度传感器和发动机冷却液温度传感器的维修

发动机冷却液温度传感器和自动变速器油温度传感器的内部都是一个半导体热敏电阻,其检修方法相同:拆下传感器,将传感器置于盛有水的烧杯中,加热杯中的水,同时测量在不同温度下传感器两接线端之间的电阻。

2)挡位开关的维修

(1)挡位开关的检测:

①用举升器将汽车升起。

②拆下连接在自动变速器手动阀摇臂和换挡杆之间的连杆。

③拔下挡位开关的线束连接器。

④将手动阀摇臂拨至各个挡位,同时用万用表测量挡位开关线束插座内各插孔之间的导通情况,如图 10-7 所示。

⑤将测量结果与标准值进行比较,如有不符,应重新调整挡位开关。

(2)挡位开关的更换:

①拆下手动阀摇臂和换挡杆之间的连杆。

②拆下手动阀摇臂。

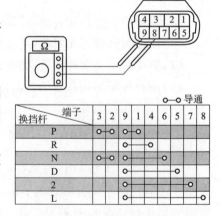

图 10-7 挡位开关的检查

③拆下挡位开关;
④按与拆卸相反的顺序安装新的挡位开关。
⑤按规定的程序重新调整挡位开关。

3)开关式电磁阀的检修

(1)用举升器将汽车升起。
(2)拆下自动变速器的油底壳。
(3)拔下电磁阀的线束连接器。
(4)用万用表测量电磁阀线圈的电阻。自动变速器开关式电磁阀线圈的电阻一般为10~30Ω。若电磁阀线圈短路、断路或电阻值不符合标准,应更换,如图10-8a)所示。
(5)检查电磁阀的动作。将12V电源施加在电磁阀线圈上,此时应能听到电磁阀工作时的"咔嗒"声。否则,说明阀芯卡住,应更换电磁阀,如图10-8b)所示。

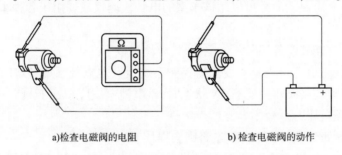

a)检查电磁阀的电阻　　　　b)检查电磁阀的动作

图10-8　开关式电磁阀的检查

(6)按下述步骤检查电磁阀的开关:
①拆下电磁阀。
②将压缩空气吹入电磁阀进油口。
③当电磁阀线圈不接电源时,进油孔和泄油孔之间应不通气,否则,说明电磁阀损坏,应更换。
④断开电源后,进油孔和泄油孔之间应相通,否则,说明电磁阀损坏,应更换。

4)线性脉冲式电磁阀的维修

(1)用举升器将汽车升起。
(2)拆下自动变速器的油底壳。
(3)拔下电磁阀的线束连接器。
(4)用万用表测量电磁阀线圈电阻值。线性脉冲式电磁阀的线圈电阻值较小,一般为2~6Ω。若电磁阀线圈短路、断路或电阻值不符合标准,应更换电磁阀,如图10-9a)所示。
(5)按下述步骤检查电磁阀的动作:
①拆下线性脉冲式电磁阀。
②将蓄电池电源串联一个8~10W的灯泡,然后与电磁阀线圈连接。注意:线性脉冲式电磁阀不能直接用12V电压接。
③通电时,电磁阀阀芯应向外伸出。断电时,电磁阀阀芯应向内缩入。如有异常,说

明电磁阀损坏,应更换,如图10-9b)所示。

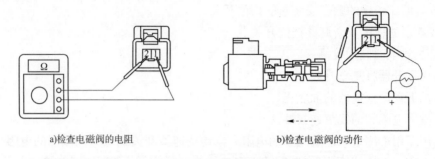

a)检查电磁阀的电阻　　　　　　　b)检查电磁阀的动作

图10-9　开关式电磁阀的检查

3 自动变速器ECU的检修

ECU及其控制电路的故障可以用该车型的电脑检测仪或通用于各种车型的汽车电脑解码器来检测。

（1）检测ECU连接器各端子工作电压时,应注意以下几点:

①在检测之前,应先检查自动变速器控制系统及其他电气系统各熔断丝及有关的线束连接器是否正常。点火开关处于ON状态时,蓄电池电压应不低于11V。过低的蓄电池电压会影响测量结果。

②必须使用高阻抗的数字万用表,否则会损坏ECU。

③必须在ECU和线束连接器处于连接的状态下测量ECU各接线端子的电压。

④应从线束连接器的导线一侧插入测笔来测量各接线端子的电压。ECU连接器拔下时,不可以直接测量ECU各接线端子的电阻,否则会损坏ECU。

⑤应可靠地连接ECU连接器,否则会损坏ECU内集成电路等电子元件。

⑥若要拔下ECU连接器测量各控制线路,应先拆下蓄电池搭铁线。不可在蓄电池连线完好的状态下拔下ECU连接器,否则会损坏ECU 。

（2）检测中应做到以下几点:

①应将ECU连同连接器一同拆下,ECU接线端子如图10-10所示。

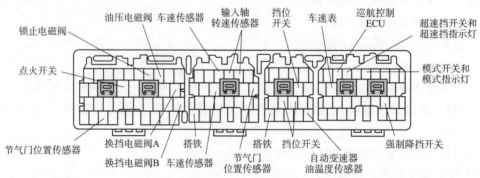

图10-10　ECU接线端子

②在连接器处于连接的状态下,按顺序,分别在点火开关处于OFF、ON及汽车行驶等状态下测量ECU各接线端子与搭铁端子之间的电压,并将测得的电压与维修手册中标准

电压值进行比较。如果测得的电压与标准值不符,说明 ECU 或控制电路有故障,应按维修手册中列出的故障可能原因作进一步的检查。也可以拔下 ECU 连接器,测量各控制电路的电阻,并将测得的电阻值与标准值进行比较,从而确定控制电路的工作是否正常。

二 任务实施

1 准备工作

(1) 工具:常用工具一套、百分表和表座、塞尺、油盆、抹布、气枪、ATF。

(2) 设备:自动变速器工作台。

(3) 维修手册、工作记录表、评分表。

2 技术要求与注意事项

(1) 检查油泵齿轮、齿圈、油泵壳体端面有无磨损痕迹,如有应更换新件。

(2) 新密封环应涂上少许自动变速器油或凡士林后装入。

3 操作步骤

1) 油泵的基本检查

(1) 拆卸油泵两个密封圈,如图 10-11 所示,注意不要用力过度,防止折断密封圈。

(2) 拆卸固定螺栓,如图 10-12 所示,对角松开螺栓,拆下泵盖。

 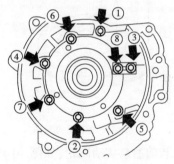

图 10-11 拆卸油泵密封圈 　　　图 10-12 拆卸油泵固定螺栓

(3) 分解油泵,按顺序摆放,用一字螺丝刀拆下前油封,如图 10-13 所示。

(4) 将输入轴总成安装到前端总成上,如图 10-14 所示,检查并确认输入轴总成旋转平稳。注意:如果运动不稳或发出异常噪声,则换上新的前端盖总成。更换时检查输入轴与轴承的接触面,如果发现损坏或变色,则换上新的输入轴。

(5) 用钢直尺和塞尺测量这两个齿轮的侧隙,如图 10-15 所示,标准侧隙为 0.02 ~ 0.05mm,如果侧隙大于最大值,则更换主动齿轮、从动齿轮或泵体。

(6) 检查油泵齿轮间隙,如图 10-16 所示。从动齿轮齿顶和主动齿轮齿顶的标准间隙为 0.07 ~ 0.15mm,如果齿顶间隙大于最大值,则更换油泵总成。将从动齿轮推向泵体一侧,用塞尺可测量泵体间隙,标准泵体间隙为 0.10 ~ 0.15mm,如果泵体间隙大于最大值,则更换油泵总成。

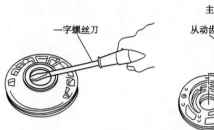

图 10-13 油泵的分解　　　　　　　图 10-14 输入轴总成的安装

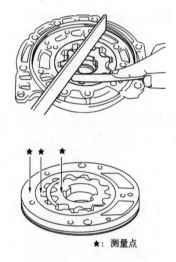

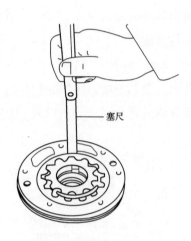

图 10-15 侧隙的测量图　　　　　　10-16 检查油泵齿轮间隙

(7) 安装前油泵从动齿轮,如图 10-17 所示。在油泵从动齿轮上涂 ATF,然后将其安装至油泵体,有标记的一面朝上,然后照此方法安装前油泵主动齿轮。

(8) 安装前油泵体 O 形圈,如图 10-18 所示。在新的油泵体 O 形圈上涂 ATF,并将其安装至油泵。

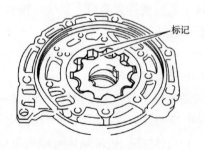

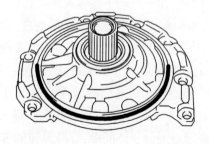

图 10-17 安装油泵齿轮　　　　　　图 10-18 安装前油泵体 O 形圈

项目五　自动变速器的检修

2)液力变矩器的基本检查

(1)液力变矩器的清洗。自动变速器的油污染,多表现为在油中可见金属粉末,此金属粉末大部分来自多片离合器上的磨耗。

①倒出变矩器中残留的ATF。

②向变矩器内加入干净的ATF,以清洗其内部,然后将ATF倒出。

③再次向变矩器内加入干净的ATF,清洗后倒出。

④用清洗剂清洗变矩器零部件,只能用压缩空气吹干,不要用纸巾或棉丝擦干。

⑤用压缩空气吹干所有的供油孔或油道,确保清洁。

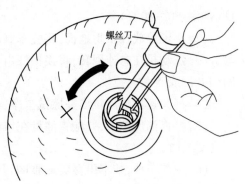

(2)液力变矩器的检查。

①检查液力变矩器外部有无损坏和裂纹,轴套外径有无磨损,驱动油泵的轴套缺口有无损伤。如有异常,应更换液力变矩器。

②检查单向离合器,将检查工具插入安装在单向离合器外座圈的轴承支座凹槽中,如图10-19所示,用螺丝刀旋转单向离合器的花键,内座圈只能顺时针转动,否则更换液力变矩器。

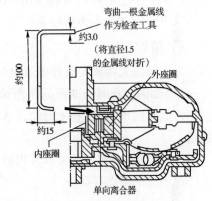

图10-19　单向离合器的检查(单位:mm)

3)涡轮轴的检查

涡轮轴也是变速器输入轴,涡轮轴将转矩从液力变矩器涡轮传送到离合器组件,输入轴上的O形圈负责保持变矩器进行锁止操作所需要的油压,如图10-20所示。如果输入轴的花键或O形圈发生损坏,其症状为选择前进挡后车辆不行驶,或由于O形圈处的泄漏变矩器锁止失效。上述情况通常是由于安装过程中操作不当而造成的。

三　学习拓展

1　油面检查

检查ATF的油面,随着车种不同,在操作上稍有不同。因为ATF油量颇多(5~8L),在自动变速器工作温度达到之前后,

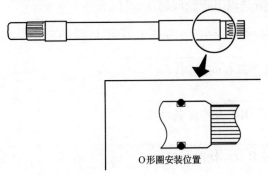

图10-20　输入轴与油封

因物理性热胀冷缩而有明显差异,因此检查有冷热刻度之分。再者因车辆停车、发动机不回转时,自动变速器不动作,所有油均流回油底壳,所以油面上升。而发动机起动后,油泵

将油泵入液力变矩器和油道等,油面必定下降。因此,除非厂家有特别的规定,否则皆按以下程序来操作:

(1) 车辆必须已行驶过(约行驶 10min),如此发动机和变速器才能达到正常的工作温度(油温:50～80℃)。

(2) 车辆停放在平坦地面,将驻车制动器操纵杆拉起。

(3) 发动机在怠速回转,将换挡杆由 P 位置于 L 位(或 1 挡位)换入每一挡位,然后再回到 P 位或 N 位。

(4) 将变速器油尺拉出并擦拭干净,再插回油尺管。

(5) 再将油尺拉出,并检查油量在"HOT"之范围。如低于此位置,则补充。并注意不要过量添加。

(6) 少数车种,如本田喜美或雅阁,其 ATF 油面高度检查是在发动机油车后,熄火等待 1 min 后使用油尺检查。

(7) 若为更换 ATF,重新添加 ATF 时,先加至"COLD"范围,待 AT 回转达到工作温度,仍需以"HOT"的范围再次检查。

❷ 结论

无论油面太高或太低都将造成自动变速器动作不正常,缩短 ATF 使用寿命。

(1) 油面太低时。油面低将使油泵吸进空气到液压系统,空气混合在液体内会使得液压降低及润滑不足;泡沫则加速 ATF 的氧化作用,油质也因过热提早劣化,产生油泥、胶漆。

(2) 油面太高时。油面高使得齿轮及其他回转零件剧烈搅动 ATF,也将产生泡沫而有上述起泡沫的缺点存在。

四 评价与反馈

❶ 自我评价

(1) 通过本学习任务的学习你是否已经清楚以下理论问题:
①读取故障码有哪几种方法?_____。

_____。
②汽车自动变速器的零部件制动器与离合器有何区别?_____

_____。
(2) 自动变速器各部件的检修操作过程中用了哪些设备?

_____。
(3) 自动变速器各部件的检修,你完成了多少? 情况如何?

_____。
(4) 通过本学习任务的学习,你认为自己的知识和技能还有哪些欠缺?

_____。

签名:_____　　　_____年___月___日

项目五 自动变速器的检修

❷ **小组评价**(表 10-1)

小 组 评 价 表　　　　　　　　　　　　　表 10-1

序号	评 价 项 目	评 价 情 况
1	着装是否符合要求	
2	是否能合理规范地使用仪器和设备	
3	是否按照安全和规范的流程操作	
4	是否遵守学习、实训场地的规章制度	
5	是否能保持学习、实训场地整洁	
6	团结协作情况	

参与评价的同学签名：_____　　　_____年___月___日

❸ **教师评价**

_____
_____。

教师签名：_____　　　_____年___月___日

五 技能考核标准

根据学生完成实训任务的情况对学习效果进行评价。技能考核标准见表10-2。

技能考核标准表　　　　　　　　　　　　　表 10-2

序号	项目	操 作 内 容	规定分	评 分 标 准	得分
1	自动变速器零部件的检修	液力变矩器的检修	10 分	使用碰触工具用力适当 2 分； 正确选择拆装工具 4 分； 掌握拆装技巧 2 分； 工具不掉落、不随便放置 2 分	
		油泵的检修	10 分	使用碰触工具用力适当 2 分； 正确选择拆装工具 4 分； 掌握拆装技巧 2 分； 工具不掉落、不随便放置 2 分	
		制动器与离合器的检修	15 分	使用碰触工具用力适当 2 分； 正确选择拆装工具 7 分； 掌握拆装技巧 4 分； 工具不掉落、不随便放置 2 分	
		行星齿轮单向离合器的检修	15 分	使用碰触工具用力适当 2 分； 正确选择拆装工具 7 分； 掌握拆装技巧 4 分； 工具不掉落、不随便放置 2 分	

续上表

序号	项目	操作内容	规定分	评分标准	得分
1	自动变速器零部件的检修	阀体部分的检修	20 分	使用碰触工具用力适当 4 分； 正确选择拆装工具 10 分； 掌握拆装技巧 4 分； 工具不掉落、不随便放置 2 分	
		电控系统的检修	22 分	使用碰触工具用力适当 4 分； 正确选择拆装工具 10 分； 掌握拆装技巧 6 分； 工具不掉落、不随便放置 2 分	
		5S 表现	5 分	注意收拾整理 2 分； 注意清洁 1 分； 操作有条理 2 分	
		操作记录	3 分	关键信息不遗漏 3 分	
	总 分		100 分		

项目六　自动变速器检测仪器的使用

学习任务 11　使用电脑诊断仪检测 ECT

学习目标

★ 知识目标

1. 初步掌握电脑诊断仪的一般知识,充分理解汽车自诊断系统的作用;
2. 了解电脑诊断仪器的类型、用途。

★ 技能目标

1. 能够学会正确使用、安装电脑诊断仪;
2. 学会正确调取故障码;
3. 学会读取数据流。

 建议课时

4 课时。

 任务描述

在一辆通用雪佛兰科鲁兹汽车上设置自动变速器节气门位置传感器故障(将节气门传感器插头拔下,设置人为故障),请学生正确使用故障诊断仪检测出现的故障,并调出故障码。

一　理论知识准备

① 故障诊断仪知识

随着电子集中控制汽车的大量出现,故障诊断仪这种汽车维修的电脑检测仪也应运而生。目前,除了各自汽车制造厂家为自己生产的各种车型而设计并生产的专用故障诊断仪外,一些国内外汽车维修设备厂也为检测不同国家的不同车型同样设计并生产出来通用故障诊断仪。现在一些特约维修站、高档汽车维修厂一般都配有进口的如MT2500(红盒子)、OTC4000(美国IAE公司)、V.A.G1551/2(德国大众公司)、KTS500(德国BOSCH公司)等故障诊断仪,同时还配有国产的如远征电眼睛、ADSC2000、三原修车王、创威联车博士等故障诊断仪。进口故障诊断仪无论从功能、稳定性和质量等方面均比国产的要优越,但是随着这几年国产故障诊断仪不断地开发与研制,在功能和质量都有大幅度的提高,由于国产故障诊断仪具有本地化、性价比较高和易于升级的特点,越来越受到维修厂家的欢迎。

原厂专用故障诊断仪是每种车型制造厂家为自己车型设计的电脑故障诊断仪,如德国大众公司的V.A.G1551/2、克莱斯勒公司的DRB-Ⅱ、宝马公司的MODIC、本田公司的PGM等。专用故障诊断仪只适用于规定的单一车型,由于价格昂贵,因此只有特约维修厂和专修厂才有必要配备。

通用故障诊断仪是一种多用途、多功能、兼容性良好的电子控制单元故障诊断仪。它通过多张存储卡储存世界上一些著名汽车制造商几十种不同车型的汽车电子控制单元及控制系统的检测程序和资料,并配有与车型诊断接口相适应的专用检测接头,如MT2500(红盒子)、OTC4000、远征的ADSC2000等。通用故障诊断仪由于使用车型覆盖面广、功能完善、升级方便、价格便宜,因此是一般综合性汽车维修厂维修电控汽车所必备的故障诊断仪。

❷ 汽车自诊断系统知识

当汽车控制系统的各个传感器、执行器或电子控制系统出现故障时,仪表板上的故障指示灯通常被点亮。这是因为自动变速器ECU会将符合故障码设置条件的故障以代码(DTC)的形式存储下来,并点亮故障指示灯MIL,以警告驾驶人员。维修人员则可以通过故障诊断仪读取故障码,为分析故障产生的原因和维修操作提供方便。

二 任务实施

❶ 准备工作

(1)工具:博世KT 600故障诊断仪。

(2)设备:科鲁兹(带自动挡)轿车一辆、三件套、车轮挡块。

(3)维修手册、工作记录表、评分表。

❷ 技术要求与注意事项

(1)汽车进入工位前,将工位清理干净。

(2)将车辆停放在水平地面上,并施加驻车制动。

(3)将换挡杆置于驻车挡P位。

(4)套上转向盘护套、换挡杆手柄套、座椅套并铺设脚垫。

(5)将点火开关置于OFF位置。

项目六 自动变速器检测仪器的使用

3 操作步骤

以博世 KT600 故障诊断仪对科鲁兹 LDE 自动变速器进行诊断为例,说明读取故障码的操作步骤。

(1)选择合适的诊断接口(科鲁兹 LDE 发动机选用通用公司的专用"GM"接口),通过诊断仪专用数据线正确连接诊断仪,如图 11-1 所示。

(2)找到车辆的诊断插座(科鲁兹轿车的诊断插座在转向盘下方,OBD-Ⅱ以上的大部分车辆的诊断插座都在转向盘的下方),并将诊断接口插入车辆的诊断插座中,如图 11-2 所示。

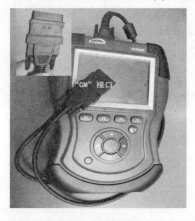

图 11-1　连接诊断仪　　　　　　　　图 11-2　将诊断仪连接到车上的诊断接口

 小提示

在插入诊断接口之前,需确认点火开关处于断开(OFF)位置,这样可保护汽车故障诊断仪免受电流冲击。

(3)将车辆用举升器升起,起动发动机,并将自动变速器换挡杆置入 D 位,同时按下 KT600 诊断仪的电源开关,系统自检后进入诊断仪的初始界面(主菜单),如图 11-3 所示。

(4)选择"汽车诊断",按"OK"键,系统进入汽车图标界面。在弹出的汽车图标列表中找到并选择"通用",如图 11-4 所示。

图 11-3　诊断仪的初始界面　　　　　　图 11-4　汽车图标界面

按"OK"键,系统进入车辆选择,在弹出的"选择年款"界面,选择"2013",如图11-5所示。

按"OK"键,在弹出的"选择产品生产"界面,选择"雪佛兰"品牌,如图11-6所示。

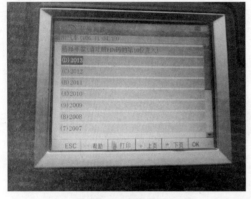

图11-5 选择年款界面

图11-6 产品生产商界面

按"OK"键,在弹出的"车型选择"界面,选择"科鲁兹",如图11-7所示。

(5)按"OK"键,进入"选择系统"界面,选择"动力总成",如图11-8所示;按"OK"键,在弹出的"模块选择"界面,选择"发动机控制模块",如图11-9所示;按"OK"键,弹出"发动机类型"界面,选择"1.6L L4 LDE",如图11-10所示。

图11-7 车型选择界面

图11-8 选择系统界面

图11-9 模块选择界面

图11-10 发动机类型界面

(6)在"1.6L L4 LDE"发动机类型选项处按"OK"键后,进入"选择发动机电脑接口类型"界面,选择"Face Mounted Connectors",如图11-11所示;按"OK"键,在弹出的"请选择变速器类型"信息中,选择"自动",如图11-12所示。

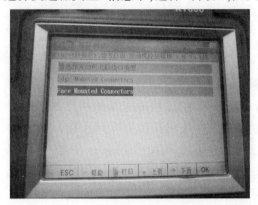

图11-11 选择发动机电脑接口类型

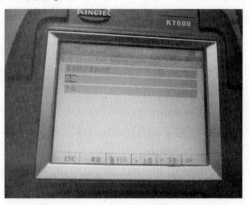

图11-12 选择变速器类型

(7)在选择变速器"自动"后按"OK"键,进入"诊断测试"界面,选择"读取故障码"准备读取故障码信息,如图11-13所示;按"OK"键,在弹出的对话框中选择"DTC显示屏",如图11-14所示;按"OK"键,此发动机系统存在的故障就以故障码的形式显示出来,如图11-15所示。

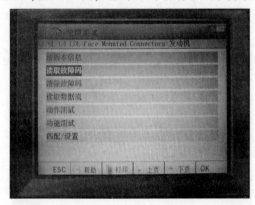

图11-13 选择读取故障码

图11-14 选择DTC显示屏

故障码P0122、P0222分别表示节气门位置传感器1、位置传感器2故障,且显示为电路电压过低,维修人员即可据此查找节气门位置传感器故障。

综上所述,使用KT600故障诊断仪读取科鲁兹轿车自动变速故障码的操作步骤为:

选择诊断接口→连接诊断仪→连接车辆→打开点火开关→打开诊断仪电源→选择"汽车诊断"→选择汽车图标(通用)→选择生产年份(2013)→选择汽车品牌(雪佛兰)→选

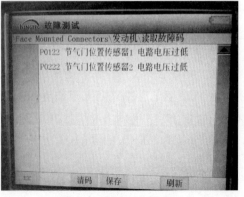

图11-15 读取当前故障码

择车型(科鲁兹)→选择系统(动力总成)→选择模块(发动机控制模块)→选择发动机类型(1.6L L4 LDE)→选择发动机电脑接口类型(Face Mounted Connectors)→选择变速器类型(自动)→进入诊断测试界面(选择"读取故障码")→选择"DTC 显示屏"→读取当前故障码。

三 学习拓展

在读取故障码后,如果还是不能确定故障点,那么可以通过读取数据流的方法,进一步锁定故障点。汽车数据流是指电子控制单元(ECU)与传感器和执行器交流的数据参数通过诊断接口,由专用诊断仪读取的数据,且随时间和工况而变化。数据的传输就像队伍排队一样,一个一个通过数据线流向诊断仪。汽车电子控制单元(ECU)中所记忆的数据流真实地反映了各传感器和执行器的工作电压和状态,为汽车故障诊断提供了依据,数据流只能通过专用诊断仪器读取。汽车数据流可作为汽车 ECU 的输入输出数据,使维修人员随时可以了解汽车的工作状况,及时诊断汽车的故障。

还是以图 12-15 所示的故障为例,当看到出现的故障码后,为进一步锁定故障点,可以调取数据流进行参考,为准确分析故障提供依据。具体步骤如下:

(1)在调出故障码后,按 ESC 键返回上一级界面,选择"读取数据流"选项,如图 11-16 所示。

(2)按下"确定"键,进入"读取数据流"界面,根据先前的故障码提示,选择"节气门执行器数据"选项,如图 11-17 所示。

图 11-16 选择"读取数据流"

图 11-17 "读取数据流"界面

(3)在新出现的数据流测试界面中读取数据。节气门位置:20.8%;加速踏板位置:0.0%如图 11-18 所示。通过数据发现,在加速踏板未踩下时,节气门位置传感器给 ECU 传输了开度为 20.8% 的数据,说明节气门位置传感器确有故障。

(4)完全踩下加速踏板后,发现动态数据流如图 11-19 所示。节气门位置:20.8%;加速踏板位置:100%。该数据说明加速踏板位置数据能正确反映真实加速踏板位置,而节气门位置传感器显然没有做出相应的反应,数据没有变化。

项目六 自动变速器检测仪器的使用

图11-18 踩下加速踏板前的数据流

图11-19 踩下加速踏板后的数据流

维修人员可根据以上数据流的分析,基本可以锁定故障点就在节气门位置传感器上,为下一步检测节气门位置传感器做好准备。学生可以举一反三,通过对节气门位置传感器的故障码和数据流的分析,学会基本的故障诊断操作方法和基本思路。

四 评价与反馈

1 自我评价

(1)通过本学习任务的学习你是否已经清楚以下理论问题:

①DTC 是什么?_____。

②什么是数据流_____。

(2)读取自动变速器故障码的操作过程中用了哪些设备?

_____。

(3)对读取故障码、调取数据流的过程,你完成了多少?情况如何?

_____。

(4)通过本学习任务的学习,你认为自己的知识和技能还有哪些欠缺?

_____。

签名:_____   ____年___月___日

2 小组评价(表11-1)

小组评价表   表11-1

序号	评价项目	评价情况
1	着装是否符合要求	
2	是否能合理规范地使用仪器和设备	
3	是否按照安全和规范的流程操作	
4	是否遵守学习、实训场地的规章制度	
5	是否能保持学习、实训场地整洁	
6	团结协作情况	

参与评价的同学签名:_____   ____年___月___日

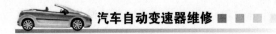

3 教师评价

教师签名：_____　　　_____年___月___日

五 技能考核标准

根据学生完成实训任务的情况对学习效果进行评价。技能考核标准见表11-2。

技能考核标准表　　　　　　　　　　表11-2

序号	项目	操作内容	规定分	评分标准	得分
1	利用故障诊断仪读取故障码	安全确认	8分	确认车辆停放平稳2分； 安装车轮挡块2分； 确认驻车制动器操纵杆已拉紧2分； 确认换挡杆置于P位2分	
		前期准备	6分	安装尾气收集管2分； 安装车内防护件2分； 安装车外防护件2分	
		连接诊断仪	8分	开机确认仪器正常2分； 选择正确诊断接口2分； 连接前关闭仪器2分； 关闭点火钥匙到OFF2分	
		记录自动变速器铭牌信息	4分	变速器型号、驱动方式、挡位数、控制类型各1分	
		选择诊断仪功能	2分	能正确选择"汽车故障诊断"功能2分	
		选择车型	4分	根据车辆信息选择车型2分； 根据车辆信息选择年份2分	
		选择变速器类型	4分	根据信息选发动机型号2分； 根据信息选发动机参数2分	
		选择检查项目	3分	正确选择"读取故障码"3分	
		读取故障码操作	9分	能调阅到故障码3分； 记录故障码及含义3分； 理解故障码的指向3分	

项目六 自动变速器检测仪器的使用

续上表

序号	项目	操作内容	规定分	评分标准	得分
2	对故障码指向进行针对性的基本检查	认识与查找元器件	4分	根据故障码查找到元件2分； 查资料或靠理解记忆找2分	
		外观检查	6分	查看安装状况并判断2分； 查看连接状况并判断2分； 查看线束状况并判断2分	
		接触检查	6分	用手或相关工具碰触2分； 连接部位状况并判断2分； 线束连接状况并判断2分	
		拆装连接器操作	6分	先观察再拆装连接器2分； 会拆装连接器卡扣2分； 会使用合适工具拆装2分	
		拆卸后查看	12分	检查连接器外壳并判断3分； 检查针脚异常并判断3分； 检查连接可靠性并判断3分； 元件不随意放置3分	
		使用工具	10分	使用照明工具查看2分； 使用碰触工具用力适当2分； 正确选择拆装工具2分； 掌握拆装技巧2分； 工具不掉落、不随便放置2分	
		5S表现	5分	注意收拾整理2分； 注意清洁1分； 操作有条理2分	
		操作记录	3分	关键信息不遗漏3分	
	总 分		100分		

学习任务 12　使用示波器检测电器元件工作的波形

学习目标

知识目标

1. 了解电磁式车速传感器的基本工作原理；
2. 学会利用波形图分析故障。

技能目标

1. 掌握示波器一般操作步骤；
2. 了解示波器各个功能的使用方法。

建议课时

4 课时。

任务描述

一辆轿车自动变速器出现换挡不良现象，经诊断发现是车速传感器故障引起的，为进一步确诊，试用 KT600 示波器查看该传感器波形是否正常。

一　理论知识准备

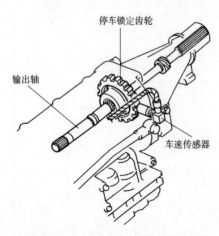

图 12-1　电磁感应式车速传感器的安装

电磁感应式车速传动器安装在自动变速器输出轴附近的壳体上，用于检测自动变速器输出轴的转速。电控单元（ECU）根据车速传感器的信号计算车速，作为换挡控制的依据。电磁感应式车速传感器的安装情况如图 12-1 所示。

电磁感应式车速传感器由永久磁铁和电磁感应线圈组成，如图 12-2a) 所示。它被固定安装在自动变速器输出轴附近的壳体上，输出轴上的停车锁定齿轮为感应转子，当输出轴转动时，停车锁定齿轮的凸齿，不断地靠近或离开车速传感器，使线圈内的磁通量发生变化，从而产生交流电，车速传感器的工作原理，如图 12-2 所示。车速越高,输出轴转速也越高,感应电压脉冲频率也越高,电控组件根据感应电压脉冲的大小计算汽车行驶的速度。

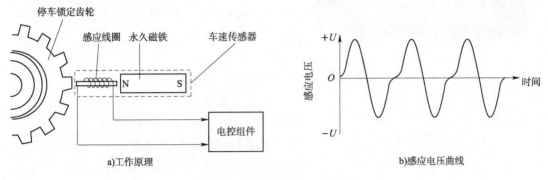

图 12-2　车速传感器的工作原理

以 KT600 汽车专用示波器为例,介绍示波器的功能和使用方法。

(1) KT600 主机。

① KT600 主机正面视图如图 12-3 所示。

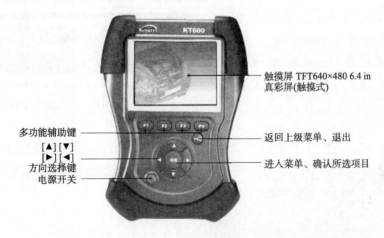

图 12-3　KT600 正面视图

② KT600 主机背面视图如图 12-4 所示。

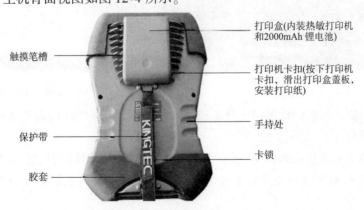

图 12-4　KT600 背面视图

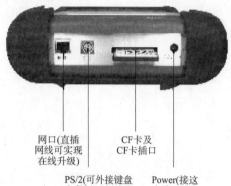

图12-5　KT600上接口视图

③KT600主机上接口视图如图12-5所示。

④KT600主机下接口视图如图12-6所示。

（2）随机附件。KT600汽车专用示波器的随机附件包括示波测试连接线、电源线、自诊断接头等。

（3）基本功能与操作。

①主菜单概述。在主界面上选择示波器分析仪，确认进入如图12-7所示菜单。

只要在KT600的菜单里按上下方向键选择需要检测项目，按［ENTER］键可以进入下一级菜单，直到选择需要的测试项目，按［EXIT］键可以返回上级菜单。

②通用型示波器的调整方法。一般情况下，汽车专用示波器的波形显示不需要调整，当要做超出汽车专用示波器标准菜单以外的测试内容时，可以选择通用示波器功能，也就需要掌握一定的调整方法，在汽车专用示波器测试过程中如果有相似菜单，调整方法也相同。选择通用示波器，按［ENTER］键确认，如图12-8所示，在屏幕上有十个选项：通道、周期、电平、幅值、位置、停止、存储、载入、光标、触发、打印、退出，以及三个功能选项：通道设置、自动设置、配置取存，按左右方向键可以对选择项目进行调整。

图12-6　KT600下接口视图

CH1-示波通道1；CH2-示波通道2；CH3-示波通道3；CH4-示波通道4；CH5-示波通道5

图12-7　KT600主菜单

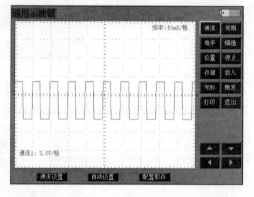

图12-8　通用示波器界面

a.通道调整。按功能键可以选择通道1（CH1）、通道2（CH2）、通道3（CH3）、通道4（CH4）任意组合方式，如图12-9所示。

b.周期调整。选择周期调整，按上下键可以改变每单格时间的长短，如果开机时设定的是10ms/格，按向下键则会变为5ms/格，波形就会变稀，按向上键则会变为20ms/格，波形会变密。

c.电平调整。对纵轴的触发电平进行调整，对于同一波形，选择不同的触发电平，波形在显示屏上的位置就会跟着变化,如果触发电平的数值超出波形的最大最小范围时,波形将产生游动,在屏幕上不能稳定住。

d. 幅值调整。按上下方向键可以调整纵向波形幅值的大小,KT600 可以选择 1:500、1:200、1:100、1:200、1:0.5、1:1.0、1:2.5、1:5、1:10 和 1:20。

e. 位置调整。选择位置调整可以对波形的上下显示位置进行调整,按向上方向键,波形就会上移,按向下方向键,波形就会向下移动。

f. 触发方式调整。选择触发方式调整在高频(<50ms/格)可以对波形的触发起点进行调整,使用功能键可以选择触发的方式:上升沿出发,下降沿出发,电平触发,如图 12-10 所示。

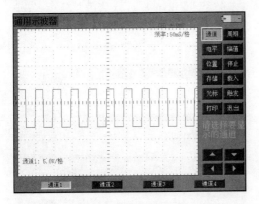

图 12-9　通道选择界面

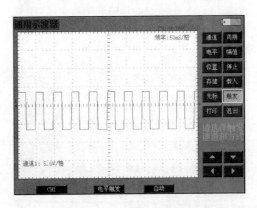

图 12-10　触发方式调整界面

g. 波形的存储和载入。在选择通用示波器时,如果要存储当前波形,选择存储,(如果是刷新频率≥50Hz/格,系统会等待采集完当前屏波形后自动冻结波形)弹出文件存储的人机界面,用户可以设定存储波形的名字,然后保存波形数据(最多支持保存 64 个文件),保存完以后系统会自动退出存储界面。如果要载入已储存的波形,选择载入,要是波形文件存在,系统将会自动浏览到系统已保存的文件,用户可以根据自己需要调出波形。点击"退出"/按"ESC"键可以退出载入界面,如图 12-11 所示。

h. 配置取存。该功能主要是方便用户快捷地调整好波形的参数,例如:用户同时测试了 4 个传感器的波形使用了 4 个通道,ch1——200mv/div;ch2——1v/div;ch3——0.5v/div;ch4——5v/div 频率:20ms/格调整好各个通道的位置,使波形清晰地显示到界面。然后选择配置取存,可以保存当前配置到文件"4 通道传感器测试";要是下次再测试 4 通道的传感器的波形,用户就不需要再调节这些烦琐的参数,只需点击"配置取存"---〉"载入配置",波形就可以快速的清晰显示出来。依此例子,任意有"配置取存"的界面都可以做这一功能。这样的配置每个界面最多可以存 64 个配置文件。具体的操作请见下面的操作流程,如图 12-12 所示。

选择保存配置时,可以保存当前的配置参数,其文件名可以是字母、数字、中文字符,如图 12-13 所示。

选择载入配置,可将保存的配置参数载入到当前界面,如图 12-14 所示。

③传感器信源参数选择调整。在传感器菜单中可以通过选择信源参数选择调整所需要观察的通道的参数,如图12-15所示。

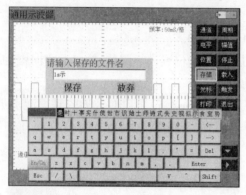

图12-11 波形存储和载入

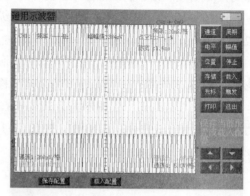

图12-12 配置存取界面1

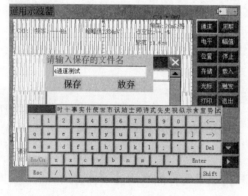

图12-13 配置存取界面2

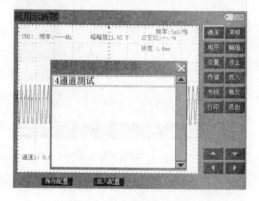

图12-14 配置存取界面3

④传感器波形参考功能。该功能方便用户在测试传感器波形的时候,可以把标准的传感器波形和当前测试的传感器作比较,用户可以直观地看出来当前传感器的好坏。为实现该功能,用户先要采集标准的传感器波形,存储到系统中,然后才可以做回放波形,进行波形比较。系统最多可以存储64个波形文件。波形参考有三种功能:采集波形、回放波形、波形比较,如图12-16所示。

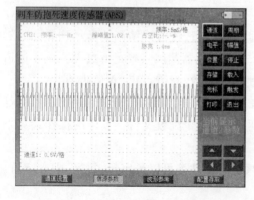

图12-15 传感器信源参数选择调整界面

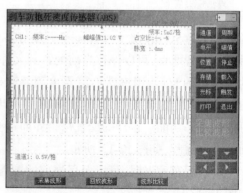

图12-16 传感器波形参考功能界面

项目六　自动变速器检测仪器的使用

选择采集波形,可将当前波形保存,其文件名可以是:字母、数字、中文字符,如图12-17所示。

选择回放波形,可将采集的波形回放,如图12-18所示。

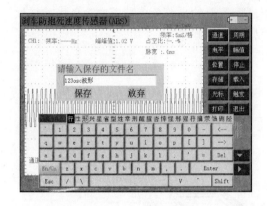
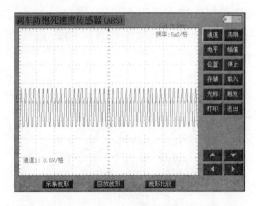

图 12-17　保存波形界面　　　　　　　图 12-18　回放波形界面

选择波形比较,可将采集的波形与当前波形进行比较。载入采集波形后,会与当前波形放在同一位置,可以调整其位置来比较两波形,如图12-19所示。

二　任务实施

1 准备工作

(1)工具:KT600 示波器一台。

(2)设备:带自动变速器的汽车一辆、工作台一个。

(3)维修手册、工作记录表、评分表。

(4)翼子板布、前格栅布、三件套、车轮挡块。

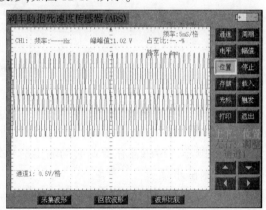

图 12-19　波形比较界面

2 技术要求与注意事项

(1)汽车进入工位前,将工位清理干净。

(2)将车辆停放在水平地面上,并施加驻车制动。

(3)将换挡杆置于驻车挡 P 位。

(4)套上转向盘护套、换挡杆手柄套、座椅套并铺设脚垫。

(5)将点火开关置于 OFF 位置。

3 操作步骤

车速传感器的输出信号与车速成正比,ECU 根据这个信号来控制液力变矩器锁止离合器、电控变速器换挡点及其他功能,所使用的传感器类型分为三种:电磁感应型、霍尔效应型及光电型。现以电磁感应型车速传感器为例,说明使用示波器检测自动变速器电器元件的一般方法和步骤。

（1）连接设备。连接 KT600 和电源延长线，根据被测试车型的蓄电池位置选择蓄电池供电或者点烟器供电，如果选择点烟器接头，请先确认点烟器是否有 12V 蓄电池电压。将测试探头接入通道 1（CH1 端口），然后将测试探头上的小鳄鱼夹接蓄电池负极或搭铁，用测试探针刺入车速传感器信号线，连接方法如图 12-20 所示。

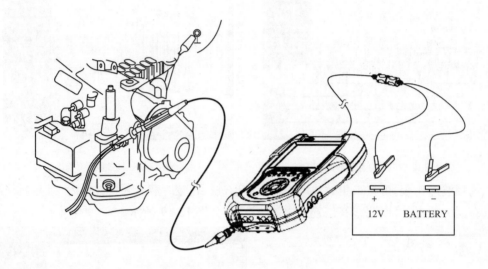

图 12-20　示波器检测车速传感器连接图

（2）测试条件。

①顶高车身，使汽车驱动轮悬空可以自由转动。

②按照图 13-20 连接好设备，并起动发动机，挂上驱动挡。

③监测车速传感器在低速时的输出信号并渐渐增加驱动轮的转速。

（3）测试步骤。

①按照图 12-20 连接好设备，打开 KT600 电源开关。

②在主菜单下按上下方向键选择示波分析仪，按[ENTER]键确认。

③在汽车专用示波器菜单下选择传感器，按[ENTER]键进入汽车传感器选择菜单。

④选择汽车速度传感器，按[ENTER]键确认，根据被测试传感器的形式选择电磁感应、霍尔效应或者光电型，选择电磁感应型，按[ENTER]键确认，按照测试条件，屏幕将会显示波形。

⑤必要时可以通过选择周期、幅值、电平等参数，然后按上下方向键改变波形，也可以选择停止，冻结波形后，选择存储，保存波形供以后修车参考。

（4）波形分析。一般来说电磁感应式车速传感器的波形振幅过低，则检查触发轮与拾取器之间的空气间隙是否过大，如果波形不稳定，则检查触发轮或轴是否变形，如果其中有一个波形扭曲，检查触发轮的某个轮齿是否变形或损坏。电磁感应式车速传感器波形特征请参考图 12-21。

项目六　自动变速器检测仪器的使用

当分析其他自动变速器电器元件波形时,也应以上述步骤调出波形,并与正常标准波形做对比,从中发现调出波形与标准波形的差异,为进一步分析故障提供依据。

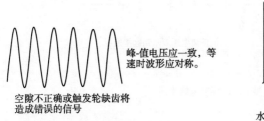
峰-值电压应一致,等速时波形应对称。
空隙不正确或触发轮缺齿将造成错误的信号
电磁感应式车速传感器波形

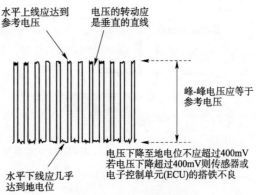
水平上线应达到参考电压
电压的转动应是垂直的直线
峰-峰电压应等于参考电压
水平下线应几乎达到地电位
电压下降至地电位不应超过400mV 若电压下降超过400mV则传感器或电子控制单元(ECU)的搭铁不良
当车速增加时信号的频率会增加

图12-21　电磁感应式车速传感器波形特征

三　学习拓展

❶ 节气门位置传感器

对于自动变速器而言,除了车速传感器信号外,另一个重要的信号就是节气门位置传感器传来的信号了,自动变速器 ECU 主要就是参考这两个重要信号和其他油温、制动等辅助信号来判定是否换挡。

常见的节气门位置传感器有两种:一种是电位器型传感器,当其转轴变化时会引起电阻的变化(电位器)从而提供一个直流电压,而节气门位置传感器(TPS)是一个固定在节气门转轴上的可变电阻,它提供的直流电压作为 ECU 的一个输入信号。另一种是开关型传感器,这种传感器的信号输入给 ECU 后,即通知 ECU 控制怠速(开关闭合、节气门关闭),或是不要控制怠速(因为已踩下加速踏板使开关打开),另外一个开关闭合时则是通知 ECU 节气门打开位置。此种线性的节气门位置传感器装在节气门转轴上,并且有两个可移动的触点随着同一个转轴转动,其中一个触点是感测节气门开启时的角度,另外一个触点则是感测节气门关闭时的角度,测试传感器时要确定接线正确。

❷ 节气门位置传感器的波形及波形分析

电位器型的节气门位置传感器通常是一个可变电位计,查阅制造商维修手册,可以得到精确的节气门位置传感器的电压范围,波形上不应该有任何断点、对地尖峰或大的波折。开关型的节气门位置传感器的动断触点构成怠速开关,当节气门处于怠速位置时,动断触点位于关闭状态;动合触点表示节气门开度达到全负荷。两种节气门传感器的波形特征可参考图12-22 和图12-23。

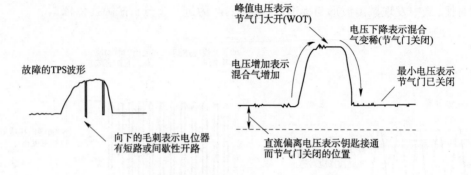

图 12-22　电位器型节气门位置传感器

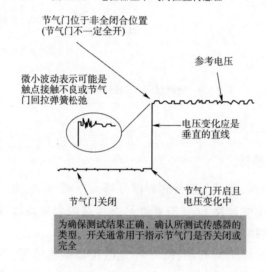

图 12-23　开关型节气门位置传感器

四　评价与反馈

1　自我评价

(1) 通过本学习任务的学习你是否已经清楚以下理论问题：

①示波器有哪些基本功能？ _____ 。

_____ 。

②除了周期调整外，示波器还可以进行哪些调整？ _____

_____ 。

(2) 对用示波器调取波形的基本操作实训过程，你完成了多少？情况如何？

_____ 。

(3) 通过本学习任务的学习，你认为自己的知识和技能还有哪些欠缺？

_____ 。

签名：_____　　　　_____年____月____日

项目六 自动变速器检测仪器的使用

❷ 小组评价（表 12-1）

小组评价表　　　　　　　　　　　表 12-1

序号	评价项目	评价情况
1	着装是否符合要求	
2	是否能合理规范地使用仪器和设备	
3	是否按照安全和规范的流程操作	
4	是否遵守学习、实训场地的规章制度	
5	是否能保持学习、实训场地整洁	
6	团结协作情况	

参与评价的同学签名：_____　　_____年___月___日

❸ 教师评价

_____
_____。

教师签名：_____　　_____年___月___日

五　技能考核标准

根据学生完成实训任务的情况对学习效果进行评价。技能考核标准见表 12-2。

技能考核标准表　　　　　　　　　　　表 12-2

序号	项目	操作内容	规定分	评分标准	得分
1	利用示波器调取自动变速器用传感器波形	安全确认	8 分	确认车辆停放平稳 2 分； 安装车轮挡块 2 分； 确认驻车制动器操纵杆已拉紧 2 分； 确认换挡杆置于 P 位 2 分	
		前期准备	8 分	安装尾气收集管 2 分； 安装车内防护件 2 分； 安装车外防护件 2 分； 测量车载蓄电池电压 2 分	
		连接示波器，拔下传感器连接器接头	11 分	开机确认仪器正常 2 分； 选择正确电源延长线 2 分； 连接前关闭仪器 2 分； 关闭点火钥匙到 OFF 2 分； 确认测试探头、探针和小鳄鱼夹工作良好各 1 分； 将测试探头插入通道 1；测试探针插入传感器信号线；测试探头小鳄鱼夹搭铁，各 1 分	

续上表

序号	项目	操作内容	规定分	评分标准	得分
1	利用示波器调取自动变速器用传感器波形	顶高车身,使汽车驱动轮悬空可以自由转动	4分	按正确操作程序操作举升机4分	
		连接好设备,并起动发动机,挂上驱动挡	2分	连接正确,P位起动2分	
		打开KT600电源开关;在主菜单下按上下方向键选择示波分析仪,按[ENTER]键确认	4分	选择正确4分	
		在汽车专用示波器菜单下选择传感器,按[ENTER]键进入汽车传感器选择菜单	4分	选择正确4分	
		通过选择周期、幅值、电平等参数,然后按上下方向键改变波形	6分	周期选择正确2分;幅值选择正确2分;电平参数选择正确2分	
		冻结波形,选择存储,保存波形供以后修车参考	4分	操作正确4分	
2	波形分析	检查传感器的波形振幅	4分	能检查出振幅过低或过高4分	
		检查波形是否稳定	4分	能检查出波形稳定与否4分	
		检查波形是否有扭曲	4分	能检查出波形扭曲与否4分	
		检查波形是否有任何断点、对地尖峰或大的波折	6分	能检查出断点2分;能检查出对地尖峰2分;能检查出大的波折2分	
		拆卸后查看	12分	检查连接器外壳并判断3分;检查针脚异常并判断3分;检查连接可靠性并判断3分;元件不随意放置3分	
		使用工具	10分	使用照明工具查看2分;使用碰触工具用力适当2分;正确选择拆装工具2分;掌握拆装技巧2分;工具不掉落、不随便放置2分	
		5S表现	5分	注意收拾整理2分;注意清洁1分;操作有条理2分	
		操作记录	4分	关键信息不遗漏4分	
总分			100分		

项目七　自动变速器常见故障的诊断

学习任务 13　自动变速器常见故障诊断方法

学习目标

 知识目标

1. 掌握自动变速器故障诊断的一般流程；
2. 理解故障流程各步骤的作用。

 技能目标

学会编制详细自动变数器故障诊断流程表。

建议课时

6 课时。

 任务描述

雷克萨斯 400 轿车换挡冲击过大，利用所学知识进行诊断。

一　理论知识准备

1. 自动变速器的故障诊断流程

自动变速器是一个由机械、液压和电子控制系统组成的密封装置，一旦出现故障，检修难度较大。在没有确定故障的部位时，不要随便进行解体检修。因为自动变速器从发动机上分解并解体后，此时由于缺少 ATF（变速器油）的压力和电流的控制，解体后的自动变速器只能检查机械系统的故障，其他部分的故障无办法进行检查。因此，必须按照检修步骤进行故障诊断,检修步骤如图 13-1 所示。

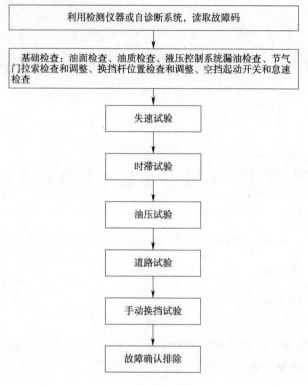

图 13-1　检修步骤

❷ 自动变速器的基本检查

自动变速器的油位不当、油质不佳、联动机构调节不当以及发动机怠速不正常,是自动变速器产生故障的最常见原因。通常把对这些部件的检查与重新调整,称为自动变速器的基本检查。无论具体故障是什么,这种基本检查总是要进行,而且也是首先进行的。基本检查和调整项目包括:油面检查、油质检查、液压控制系统漏油检查、节气门拉索检查和调整、换挡杆位置检查和调整、空挡起动开关和怠速检查。

1) 油面检查

在对变速器进行检查前或故障诊断前,首先要对变速器油面高度进行检查,一般在车辆行驶 1 万 km 后检查油面。

变速器与差速器有一公用的油池,其间是相通的。在拉出油尺之前,应将护罩及手柄上的脏东西都擦干净。

把换挡杆置于 P 位或 N 位(空挡),将发动机在怠速时至少运转 1min,汽车必须停放在水平路面上,这样才能确保在差速器和变速器之间的油面高度正常、稳定。检查应在油液正常工作温度 50~90℃时进行。

自动变速器油面检查的具体方法是:

(1) 将汽车停放在水平地面上,并拉紧驻车制动器操纵杆。

(2) 让发动机怠速运转 1min 以上。

(3)踩住制动踏板,将换挡杆拨至倒挡(P)、前进挡(D)、前进低挡(S、L或2、1)等位置,并在每个挡位上停留几秒,使液力变矩器和所有换挡执行元件中都充满液压油。最后将换挡杆拨至停车挡(P)位置。

(4)从加油管内拔出自动变速器油尺,将擦干净的油尺全部插入加油管后再拔出,检查油尺上的油面高度。

液压油油面高度的标准是:如果自动变速器处于冷态(即冷车刚刚起动,液压油的温度较低,为室温或低于25℃时),液压油油面高度应在油尺刻线的下限附近;如果自动变速器处于热态(如低速行驶5min以上,液压油温度已达70~80℃),油面高度应在油尺刻线的上限附近(图13-2)。这是因为低温时液压油的黏度大,运转时有较多的液压油附着在行星齿轮等零件上,所以油面高度较低;高温时液压油黏度小,容易流回油底壳。因此油面较高。

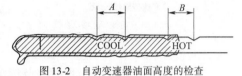

图13-2 自动变速器油面高度的检查

若油面高度过低,应从加油管处添加合适的液压油,直至油面高度符合标准为止。继续运转发动机,检查自动变速器油底壳,油管接头等处有无漏油。如有漏油,应立即予以修复。在自动变速器调整、加注液压油并经试车之后,应重新检查自动变速器液压油的油面高度是否正常,油底壳、油管接头等处有无漏油。

2)油质检查

变速器在正常工作温度下一般能行驶约4万km或24个月,影响油液和变速器使用寿命的最重要因素之一是油液的温度,而影响油液温度的主要因素是液力变矩器有故障、离合器、制动器滑转或分离不彻底、单向离合器滑转和油冷却器堵塞等,所以油液温度过高或急剧上升是十分重要和危险的信号,说明自动变速器内部有故障或油量不够。若发现温度过高,应当立即停车检查。延长自动变速器使用寿命的关键就在于经常检查油面、检查油液的温度和状态。

油液温度过高,将会使油液黏性下降、性能变坏(产生油膏沉淀和积炭)、堵塞细小量孔、卡滞控制阀门、降低润滑效果、破坏橡胶密封部件,从而导致变速器损坏。

检查变速器油的气味和状态,也是十分重要的。油液的气味和状态可以表明自动变速器的工作状态。检查油液时,从油尺上嗅一嗅油液的气味,在手指上点少许油液,用手指互相摩擦看是否有渣粒,或将油尺上的液压油滴在干净的白纸上,检查液压油的颜色及气味。正常液压油的颜色一般为粉红色,且无气味。如液压油呈棕色或有焦味,说明已变质,应立即换油。变质原因见表13-1。

油质与故障原因 表13-1

油 液 状 态	变 质 原 因
油液变为深褐色或深红色	没有及时更换油液; 长期重载荷运转,某些部件打滑或损坏引起变速器过热
油液中有金属屑	离合器盘、制动器盘或单向离合器严重磨损
油尺上黏附胶质油膏	变速器油温过高
油液有烧焦气味	油温过高、油面过低; 油冷却器或管路堵塞
油液从加油管溢出	油面过高或通气孔堵塞

换油时,应优先采用车辆随车手册上推荐使用的变速器油,也可使用8号自动传动油,无推荐用油时,可用国内的22号透平油、液力变矩器Ⅰ号、Ⅱ号油。某些轿车自动变速器使用DEXRON-Ⅱ或M-Ⅲ型液压油。这两种液压油稳定性好,使用寿命长。注意切不可用齿轮油或机油代替液压油,否则会造成自动变速器的严重损坏。

3)液压控制系统漏油检查与液压油的更换

(1)液压控制系统漏油检查。液压控制系统的各连接部位上都有油封和密封垫,这些部件是常发生漏油的地方。液压系统漏油会引起油路压力下降,油位下降是换挡打滑和延迟的常见原因。图13-3是自动变速器易发生漏油的部位,应逐一进行检查。

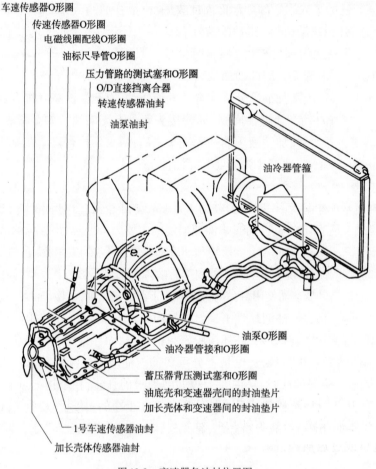

图13-3 变速器各油封位置图

(2)液压油的更换。自动变速器换油可参照如下方法进行:

①车辆运行至自动变速器达到正常工作温度油温70~80℃后停车熄火。

②拆下自动变速器油底壳上的放油螺塞,将油底壳内的液压油放净。有些车型的自动变速器油底壳上没有放油螺塞,应拆下整个油底壳,然后放油。拆油底壳时,应先将后半部油底壳螺钉拆下,拧松前半部油底壳螺钉,再将后半部油底壳撬离变速器壳体,放出部分液压油,最后再将整个油底壳拆下。

③拆下油底壳,将油底壳清洗干净。有些自动变速器的油底壳上的放油螺塞为磁性

螺塞,也有些自动变速器在油底壳内专门放置一块磁铁,以吸附铁屑。清洗时必须注意将螺塞或磁铁上的铁屑清洗干净后放回。

④拆下自动变速器液压油散热器油管接头,用压缩空气将散热器的残余液压油吹出,再装好油管接头。

⑤装好油底壳和放油螺塞。

⑥从自动变速器加油管中加入规定牌号的液压油。一般自动变速器油底壳内的储油量为4L左右。

⑦起动发动机,检查自动变速器油面高度。要注意由于新加入的油液温度较低,油面高度应在油尺刻线的下限附近。如油面高度太低,应继续加油至规定油面高度。

⑧让汽车行驶至发动机和自动变速器达到正常工作温度,再次检查油面高度是否在油尺线的上限附近。如过低,应继续加油,直至达到规定要求为止。

⑨如果不慎加入过多液压油,使油面高于规定的高度,切不可凑合使用。因为当油面过高时,行驶中油液被行星排剧烈地搅动,产生大量的泡沫。这些带有泡沫的液压油进入油泵和控制系统后,对自动变速器的工作极为不利。其后果和油面高度不足一样,会造成油压过低,导致自动变速器内的摩擦元件打滑磨损。因此油面过高时,应把油放掉一些。有放油螺塞的自动变速器,只要把螺塞打开即可放油;没有放油螺塞的自动变速器,在做少量放油时,可从加油管处往外吸。

一般自动变速器的总油量为10L左右,按上述方法换油时,变矩器内的液压油是无法放出的。若液压油严重变质,必须全部更换时,可先按上述方法换油,然后让汽车行驶约5min后再次换油。

4)节气门拉索的检查和调整

(1)节气门拉索的检查。节气门的开度将影响自动变速器的换挡时间,发动机熄火后,节气门应全闭,当加速踏板踩死时,节气门应全开。节气门拉索的索芯不应松弛,索套端和索芯上限位之间的距离应为0~1mm(图13-4)。若节气门拉索调整不当,对于液力控制自动变速器来说,会导致换挡时刻不正常,造成过早或过迟换挡,使汽车加速性能变差或产生换挡冲击;对于电子控制自动变速器来说,会导致主油路压力异常,造成油压过低或过高,使换挡执行元件打滑或产生换挡冲击。

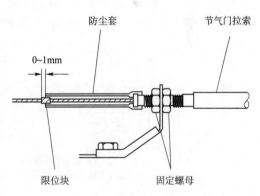

图13-4 节气门拉索的调整

(2)节气门拉索的调整。节气门拉索的调整步骤是:

①推动加速踏板连杆,检查节气门是否全开,如节气门不全开,则应调加速踏板连杆。

②把加速踏板踩到底。

③把调整螺母拧松。

④调整节气门拉索。

⑤拧动调整螺母,使橡皮套与拉索止动器间的距离为0~1mm。
⑥拧紧调整螺母。
⑦重新检查调整情况。

5) 换挡杆位置的检查和调整

换挡杆调整不当,会使换挡杆的位置与自动变速器阀板中手动阀的实际位置不符,造成挂不进停车挡或前进低挡,或换挡杆的位置与仪表板上挡位指示灯的显示不符,甚至造成在空挡或停车挡时无法起动发动机。

换挡杆的调整方法如下:

(1) 拆下换挡杆与自动变速器手动阀摇臂之间的连接杆。

(2) 将换挡杆拨至空挡位置。

(3) 将手动阀摇臂向后拨至极限位置(停车挡位置),然后再退回2格,使手动阀摇臂处于空挡位置。

(4) 稍稍用力将换挡杆靠向R位方向,然后连接并固定换挡杆与手动阀摇臂之间的连杆。

6) 挡位开关的检查和调整

将换挡杆拨至各个挡位,检查挡位指示灯与换挡杆位置是否一致、P位和N位时发动机能否起动,R位时倒挡灯是否亮起。发动机应只能在空挡(N位)和驻车挡(P位)起动,其他挡位不能起动,若有异常,应调节空挡起动开关螺栓和开关电路。

(1) 松开挡位开关的固定螺钉,将换挡杆放到N位。

(2) 将槽口对准空挡基准线。有些自动变速器的挡位开关外壳上刻有一条基准线,调整时应将基准线和手动阀摇臂轴上的槽口对齐,如图13-5a)所示;也有一些自动变速器的挡位开关上有一个定位孔,调整时应使摇臂上的定位孔和挡位开关上的定位孔对准,如图13-5b)所示。

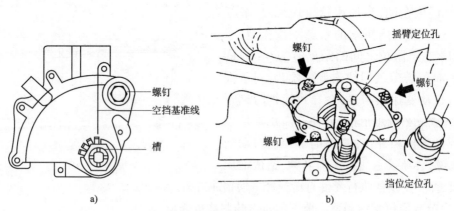

图13-5 挡位开关的调整

(3) 挡位开关的位置调好后进行固定。

7) 怠速检查

发动机怠速不正常,特别是怠速过高,会使自动变速器工作不正常,出现换挡冲击等故障。因此在对自动变速器作进一步的检查之前应先检查发动机的怠速是否正常。检查怠速时应将自动变速器换挡杆置于停车挡（P位）或空挡（N位）位置。通常装有自动变速器的汽车发动机怠速为750r/min。若发动机怠速过低或过高，都应予以调整。

❸ 自动变速器的性能试验

电子控制自动变速器的结构和工作原理十分复杂，无论是换挡执行元件损坏，还是控制电路、阀体中的控制阀或其他任何部件出现故障，都会影响自动变速器的正常工作。进行性能试验，确认其故障范围，并利用各种检测工具和手段，按照合理的程序和步骤，诊断出故障的原因，以便有针对性地进行维修。

1）失速试验

（1）试验目的。失速试验是检查发动机、液力变矩器及自动变速器中的有关执行元件的工作是否正常的一种方法。

（2）准备工作。

①行驶汽车使发动机和自动变速器均达到正常的工作温度。

②检查汽车的行驶制动和驻车制动，确认其性能良好。

③检查自动变速器的油面高度正常。

（3）试验步骤。

①将汽车停放到宽阔的水平路面上，前后车轮用三角木塞住。

②无发动机转速显示的，安装发动机转速表。

③拉紧驻车制动器操纵杆，左脚踩住制动踏板。

④起动发动机。

⑤将换挡杆拨入D位。

⑥在左脚踩住制动踏板的同时，用右脚将加速踏板踩到底，迅速读取发动机的最高转速。

⑦读取转速后立即松开加速踏板。

⑧将换挡杆置于"P"或"N"位后，使发动机怠速运转1s以上，以防止自动变速器油温过高而变质。

⑨将换挡杆置于其他挡位（R位，L位或2位、1位），做同样的试验。

在前进挡或倒挡同时踩住制动踏板时，发动机处于最大的工况，而此时自动变速器壳及泵轮随发动机一起转动，这种工况属于失速工况，此时发动机的转速称为失速转速。由于在失速工况下，发动机的动力全部消耗在液力变矩器内自动变速器油的内部磨损上，自动变速器的油温将急剧上升，因此在失速试验中，加速踏板从踩下到松开的整个过程的整个时间不得超过5s，否则会使自动变速器因油温过高而变质，甚至损坏密封件等部件，在一个挡位试验后，不要立即进行另一个挡位试验，油温降下来后再试验，试验结束后不要立即熄火，应将换挡杆拨到空挡或停车挡，要发动机怠速运转几分钟，以使发动机变速器油温正常，如果在试验的过程中发现驱动轮因制动力不足而转动，因立即松开加速踏板，停止试验。

不同车型的自动变速器都有其标准。大部分失速标准为2300r/min左右,若相符,说明自动变速器的油泵、主油路油压及各个换挡执行元件工作基本正常;若高于标准值,说明主油路油压过低或换挡执行元件打滑;若低于标准值,则可能是发动机动力不足或液力变矩器有故障。

2)时滞试验

在发动机怠速运转时将换挡杆从空挡拨至前进挡或倒挡后,需要有一段短暂时间的迟滞或延时才能使自动变速器完成挡位的接合(此时汽车会产生一个轻微的振动),这一短暂的时间称为自动变速器换挡的迟滞时间。

(1)试验目的。延时试验就是测出自动变速器换挡的迟滞时间,根据迟滞时间的长短来判断主油路油压及换挡执行元件的工作是否正常。

(2)试验步骤。

①让汽车行驶,使发动机和自动变速器达到正常工作温度。

②将汽车停放在水平地面上,拉紧驻车制动器操纵杆。

③检查发动机怠速。如不正常,应按标准予以调整。

④将自动变速器换挡杆从空挡"N"位拨至前进挡"D"位,用秒表测量从拨动换挡杆开始到感觉汽车振动为止所需的时间,该时间称为 N-D 延时时间。

⑤将换挡杆拨至 N 位,让发动机怠速运转1min后,再做一次同样的试验。

⑥做3次试验,并取平均值。

⑦按上述方法,将换挡杆由 N 位拨至 R 位,测量 N-R 延时时间。

(3)时滞试验的参考值。对于大部分自动变速器:N-D 延时时间小于1.2s,N-R 延时时间小于1.5s。若 N-D 延时时间过长,说明主油路油压过低,前进离合器摩擦片磨损过甚或前进单向超越离合器工作不良;若 N-R 延时时间过长,说明倒挡主油路油压过低,倒挡离合器或倒挡制动器磨损过甚或工作不良。

3)油压试验

油压试验是在自动变速器运转时,对控制系统各个油压进行测量。油压过高,会使自动变速器出现严重的换挡冲击,甚至损坏控制系统;油压过低,会造成换挡执行元件打滑,加剧其摩擦片的磨损,甚至使换挡执行元件烧毁。

(1)试验目的。测量液压控制系统管理中的油压,用以判断油泵、阀、离合器和制动器的工作性能好坏。

(2)准备工作。

①行驶汽车,使发动机及自动变速器达到正常工作温度。

②将汽车停放在水平路面上,检查发动机怠速和自动变速器的油面高度,如不正常,应进行调整。

③准备一个量程为2MPa的压力表。

④找出自动变速器各个油路测压孔的位置,通常在自动变速器外壳上有几个用方头螺塞堵住的、用于测量不同油路油压的测压孔。

(3)试验步骤。测试主油路油压时,应分别测出前进挡和倒挡的主油路油压。

项目七　自动变速器常见故障的诊断

①前进挡主油路油压测试方法：拆下变速器壳体上主油路测压孔或前进挡油路测压孔螺塞，接上油压表；起动发动机，将换挡杆拨至前进挡"D"位，读出发动机急速运转时的油压。该油压即为急速工况下的前进挡主油路油压。

②用左脚踩紧制动踏板，同时用右脚将加速踏板完全踩下，在失速工况下读取油压，该油压即为失速工况下的前进挡主油路油压。将换挡杆拨至空挡或停车挡，让发动机急速运转1min以上。将换挡杆拨至各个前进低挡(S、L或2、1)位置，重复上述的步骤，读出各个前进低挡在急速工况和失速工况下的主油路油压。

③倒挡主油路油压测试方法：拆下自动变速器壳体上的主油路测压孔或倒挡油路测压孔螺塞，接上油压表；起动发动机，将换挡杆拨至倒挡"R"位，在发动机急速运转工况下读取油压。该油压即为急速工况下的倒挡主油路油压。

④用左脚踩紧制动踏板，同时用右脚将加速踏板完全踩下，在发动机失速工况下读取油压，该油压即为失速工况下的倒挡主油路油压。

⑤换挡杆拨至空挡"N"位，让发动机急速运转1min以上。

4) 道路试验

(1) 试验目的。道路试验是进一步检查和分析自动变速器的故障原因，是诊断、分析自动变速器故障的最有效的手段之一。

(2) 试验内容。检查换挡车速、换挡质量以及检查换挡执行元件有无打滑等。

(3) 准备工作。在道路试验之前，应先让汽车以中低速行驶5~10min，让发动机和自动变速器都达到正常工作温度。在试验中，如无特殊需要，通常应将超速挡开关置于ON位置(即超速指示灯熄灭)，并将模式开关置于普通模式或经济模式的位置。

(4) 试验方法。

①升挡检查：将换挡杆拨至前进挡"D"位，踩下加速踏板，使节气门保持在1/2开度左右，让汽车起步加速，检查自动变速器的升挡情况。自动变速器在升挡时发动机会有瞬时的转速下降，同时车身有轻微的闯动感。正常情况下，汽车起步后随着车速的升高，试车者应能感觉到自动变速器能顺利地由1挡升入2挡，随后再由2挡升入3挡，最后升入超速挡。若自动变速器不能升入高挡(3挡或超速挡)，说明控制系统或换挡执行元件有故障。

②升挡车速的检查：将换挡杆拨至前进挡"D"位，踩下加速踏板，并使节气门保持在某一固定开度，让汽车起步并加速。当察觉到自动变速器升挡时，记下升挡车速。一般4挡自动变速器在节气门开度保持1/2时由1挡升至2挡的升挡车速为25~35km/h，由2挡升至3挡的升挡车速为55~70km/h，由3挡升至4挡(超速挡)的升挡车速为90~120km/h。由于升挡车速和节气门开度有很大的关系，即节气门开度不同时，升挡车速也不同，而且不同车型的自动变速器各挡位传动比的大小都不相同，其升挡车速也不完全一样，因此，只要升挡车速基本保持在上述范围内，而且汽车行驶中加速良好，无明显的换挡冲击，都可认为其升挡车速基本正常。若汽车行驶中加速无力，升挡车速明显低于上述范围，说明升挡车速过低(即过早升挡)；若汽车行驶中有明显的换挡冲击，升挡车速明显示高于上述范围，说明升挡车速过高(即太迟升挡)。

③升挡时发动机转速的检查:在正常情况下,若自动变速器处于经济模式或普通模式,节气门保持在低于1/2开度范围内,则汽车在由起步加速直至升入高速挡的整个行驶过程中,发动机转速都将低于3000r/min。通常发动机在加速至即将要升挡时的转速可达到2500~3000r/min,在刚刚升挡后的短时间内发动机转速将下降至2000r/min,说明升挡时间过早或发动机动力不足;如果在行驶过程中发动机转速始终偏高,升挡前后的转速在2500~3500r/min,且换挡冲击明显,说明升挡时间过迟;如果在行驶中发动机转速过高,常高于3000r/min,在加速时达到4000~5000r/min,甚至更高,则说明自动变速器的换挡执行元件(离合器或制动器)打滑,应拆修自动变速器。

④换挡质量的检查:换挡质量的检查内容主要是检查有无换挡冲击。正常的自动变速器只能有不太明显的换挡冲击,特别是电子控制自动变速器的换挡冲击应十分微弱。若换挡冲击太大,说明自动变速器的控制系统或换挡执行元件有故障,其原因可能是油路油压高或换挡执行元件打滑,应做进一步的检查。

⑤锁止离合器工作状况的检查:可以采用道路试验的方法进行检查。让汽车加速至超速挡,以高于80km/h的车速行驶,并让节气门开度保持在低于1/2的位置,使变矩器进入锁止状态。此时,快速将加速踏板踩下至2/3开度,同时检查发动机转速的变化情况。若发动机转速没有太大的变化,说明锁止离合器处于接合状态;反之,若发动机转速升高很多,则表明锁止离合器没有接合,其原因通常是锁止控制系统有故障。

⑥发动机制动作用的检查:检查自动变速器有无发动机制动作用时,应将换挡杆拨至前进低挡(S、L或2、1)位置,在汽车以2挡或1挡行驶时,突然松开加速踏板,检查是否有发动机制动作用。若松开加速踏板后车速立即随之下降,说明有发动机制动作用;否则说明控制系统或前进强制离合器有故障。

⑦强制降挡功能的检查:检查自动变速器强制降挡功能时,应将换挡杆拨至前进挡"D"位,保持节气门开度为1/3左右,在以2挡、3挡或超速挡行驶时突然将加速踏板完全踩到底,检查自动变速器是否被强制降低一个挡位。在强制降挡时,发动机转速会突然上升至4000r/min左右,并随着加速升挡,转速逐渐下降。若踩下加速踏板后没有出现强制降挡,说明强制降挡功能失效。若在强制降挡时发动机转速升高反常。达5000~6000r/min,并在升挡时出现换挡冲击,则说明换挡执行元件打滑,应拆修自动变速器。

5)手动换挡试验

(1)试验目的。试验用于确定电子控制自动变速器故障出在电子系统还是其他部位。

(2)试验方法。所谓手动换挡试验就是将电子控制自动变速器所有换挡电磁阀的线束插头全部脱开,此时ECU不能通过换挡电磁阀来控制换挡,自动变速器的换挡取决于换挡杆的位置。

手动换挡试验的步骤如下:

①脱开电子控制自动变速器的所有换挡电磁阀线束插头。

②起动发动机,将换挡杆拨至不同位置,然后做道路试验(也可以将驱动轮悬空,进行台架试验)。

③观察发动机转速和车速的对应关系,以判断自动变速器所处的挡位。自动变速器不同挡位时发动机转速和车速的关系见表13-2。

自动变速器不同挡位时发动机转速和车速的关系　　　表13-2

挡　　位	发动机转速(r/min)	车速(km/h)
1挡	2000	18~22
2挡	2000	34~38
3挡	2000	50~55
超速挡	2000	70~75

④若换挡杆置于不同位置时,自动变速器所处的挡位与表中相同,说明电子控制自动变速器的阀板及换挡执行元件基本上工作正常。否则,说明自动变速器的阀板或换挡执行元件有故障。

⑤试验结束后,接上电磁阀线束插头。

⑥清除ECU中的故障码,防止因脱开电磁阀线束插头而产生的故障码保存在ECU中,影响自动变速器的故障自诊断工作。

二 任务实施

❶ 准备工作

(1)工具:常用工具一套。

(2)设备:空气压缩机、操作台、一辆雷克萨斯400轿车(丰田A341E自动变速器)。

(3)维修手册、工作记录表、评分表。

❷ 技术要求与注意事项

(1)检修时应遵循先外后内、先机后电、先查后测、先诊断后排除的总原则。

(2)工作记录表详细记录故障诊断步骤。

(3)工作现场保持干净整洁。

❸ 操作步骤

1)自动变速器的性能试验

一辆雷克萨斯400轿车装备了丰田A341E自动变速器,因行驶中自动变速器油底壳被撞击破损,漏失变速器油而导致摩擦片烧损故障。拆下变速器并对其进行解体检修后,试车便出现在操纵换挡杆进R(倒挡)和D(前进挡)位时汽车有较大的振动冲击感,而对变速器进行道路试验检验其余各种情况都正常。对换挡杆系、节气门阀拉索等装置进行检查调整,均无变化,检查自动变速器油位及油质、发动机转速等都正常。并且故障警示灯也无故障信号显示。

经过反复进挡验证,此故障冷、热两种状况下都存在,从冲击振动的程度来看,N→R振动较N→D的振动稍柔和一点,但两个挡位的振动均使人产生不能接受的冲击感。据了解在自动变速器维修前的使用中没有这种现象产生,在维修后的试车过程中也并没发现有其他驱动异常现象发生。这样可排除两个疑点:①自动变速器本身无这种现象,是维修后产生的新故障;②自动变速器无严重的恶性故障,机械传动系统导致这种现象的可能性较小。通过分析,决定先对自动变速器进行油压测试,以便进一步查找液压系统的故障。在主油路侧后口处接上指针式压力表,P、N位时怠速状态下的油压为750kPa,分别进D位和R位测试油压都相差不大。怀疑阀体有发卡等现象而导致的这种故障。拆下阀体,解体清洗并检查各阀均无发卡等现象,认真仔细装复阀体后,故障仍然存在。

但还有油压值偏离这一最具有说服力的现象。该自动变速器主轴油路压力标准值见表13-3。

D、R位油压标准值　　　　　　　　　　　　　　　表13-3

挡位	测试条件	
	怠速时测试	失速(零车速节气门全开)时测试
D位	360~420kPa	900~1050kPa
R位	530~705kPa	1410~1650kPa

2)原因分析和故障排除

从测得的怠速情况下的油压750kPa比较来看,较D位与R位的标准油压都高,且D位与R位的油压一样。通过这一现象证明故障非控制阀体为主的液压系统莫属,但对阀体进行检查却没发现什么问题。最后还是决定换一个无故障阀体一试,就在这一过程中发现在换阀体时拆装节气门阀拉索特别困难。根据以前多次的操作经验看,从节气门阀凸轮上拆装这一拉索不应该那么费力吧!这一现象引起了注意,发现要将装节气门阀的凸轮都快扳到底才能将拉索取下与装上,也就是说拉索短了一截。拉索会无故的短一截?检查拉索时发现节气门端拉索的铁套与拉索外套绑接部位脱落,如图13-6所示。这样拉索的外套即变长了,由于拉索的

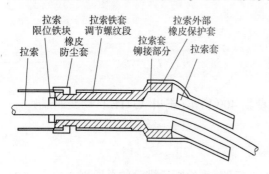

图13-6　损坏后拉索结构示意图

限位铁块在怠速状况与拉索铁套端部只有0~1mm的间隙;拉索外套变长了而拉索却并不能变长,这样在拉索限位铁块抵住拉索铁套后,被迫使后部拉索将节气门阀凸轮拉开一段距离。使节气门阀处于汽车大负荷工作状态。

丰田A140E自动变速器液压系统的主油路压力调节阀为无级变压控制主油压力调节阀。如图13-7所示,前进挡时,阀的上方A处作用着向下的油压力F_A;阀的下方作用着向上的弹簧弹力F_D和节气门油压力F_C;三个力对抗,决定阀的位置和工作液的排泄量,控制主油路油压大小。倒挡时,来自手控阀的倒挡控制油压也作用的下方B处,由于截面$B>C$,产生向上的力F_B从而使阀向上移动,排油减少,主油路油压升高。由于节

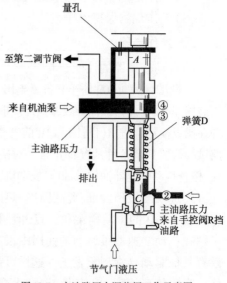

图13-7　主油路压力调节阀工作示意图

气门阀被强迫打开,下端的节气门压力 F_C 也较大,故使主油路压力变大。使自动变速器在换挡时主油路压力不能起到良好的减压缓冲,而出现较大的冲击。更换拉索故障排除。

事后询问得知,在拆卸变速器总成时,由于忘记了拆节气门体处拉索上端的固定端子,吊变速器时受力拉扯使拉索铆接端子脱开。因此在对汽车总成件进行拆卸时应特别注意各种连接件,尤其是各种油管、水管、真空管、拉杆、拉索、导线等,避免造成不必要的麻烦。此类似故障具有两个隐性:①由于拉索套外端还另外有一个橡胶套保护套,致使损坏后不易觉察。②由于拉索限位块的作用,通过一般检查调整手段,甚至脱开节气门摇柄处的拉索连接都对其无效。以后类似问题检查时须注意。

三 学习拓展

❶ 自动变速器打滑

1)故障现象

汽车起步和行驶时踩下加速踏板,发动机转速很快升高,但车速提升缓慢;汽车在平路上行驶很正常,但上坡无力,且有异响。

2)故障原因

(1)自动变速器油油面太低。

(2)自动变速器油油面太高,运转中被行星排剧烈搅动后产生大量气泡。

(3)离合器或制动器磨损严重。

(4)油泵磨损严重,主油路漏油造成主油路油压低。

(5)单向超越离合器打滑。

(6)离合器或制动器密封圈损坏导致漏油。

(7)减振器活塞密封圈损坏导致漏油。

3)故障分析流程图

故障分析流程图如图 13-8 所示。

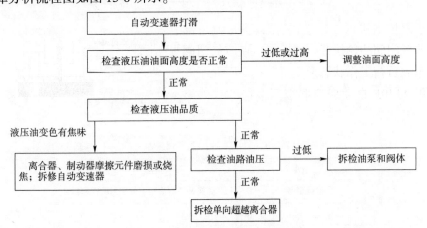

图 13-8 自动变速器打滑故障排除流程图

排除方法:检查液压油油面高度和油的品质;若液压油变色或有烧焦味,说明离合器或制动器的摩擦片烧坏,应拆检自动变速器。路试检查,若所有挡都打滑,原因出在前进离合器。若换挡杆在 D 位的 2 挡打滑,而在 S 位的 2 挡不打滑,说明 2 挡单向超越离合器打滑。若不论在 D 位、S 位的 2 挡时都打滑,则为低挡及倒挡制动器打滑。若在 3 挡时打滑,原因为倒挡及高挡离合器故障。若在超速挡打滑,则为超速制动器故障。若在倒挡和高挡时打滑,则为倒挡和高挡离合器故障。若在倒挡和 1 挡打滑,则为低挡及倒挡制动器故障。在前进挡或倒挡都打滑,说明主油路油压低,此时应对油泵和阀体进行检修。若主油路油压正常,原因可能是离合器或制动器摩擦片磨损过度或烧焦,更换摩擦片即可。

❷ 自动变速器不能升挡

1)故障现象

(1)汽车行驶中自动变速器始终保持在 1 挡,不能升入 2 挡和高速挡。

(2)行驶中自动变速器可以升入 2 挡,但不能升入 3 挡和超速挡。

2)故障原因

(1)节气门拉索或节气门位置传感器调整不当。

(2)调速器有故障。

(3)调速器油路严重泄漏。

(4)车速传感器有故障。

(5)2 挡制动器或高挡离合器有故障。

(6)换挡阀卡滞。

(7)挡位开关有故障。

3)故障分析流程图

故障分析流程图如图 13-9 所示。

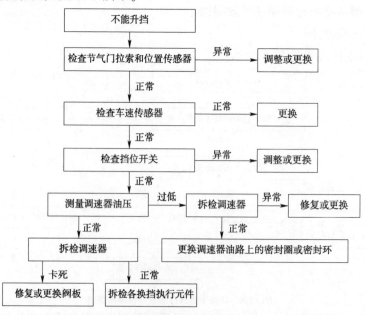

图 13-9　不能升挡故障排除流程图

项目七　自动变速器常见故障的诊断

排除方法：

(1)对于电子控制自动变速器,应先进行故障自诊断。影响换挡控制的传感器有:节气门位置传感器、车速传感器等。按所显示的故障码查找故障原因。

(2)按标准重新调整节气门拉索或节气门位置传感器。

(3)检查车速传感器。如有损坏,应予以更换。

(4)检查挡位开关的信号。如有异常,应予以调整或更换。

(5)测量调速器油压。若车速升高后调速器油压仍为零或很低,说明调速器有故障或调速器油路严重泄漏。对此,应拆检调速器。调速器阀芯如有卡滞,应分解清洗,并将阀芯和阀孔用金相砂纸抛光。若清洗抛光后仍有卡滞,应更换调速器。

(6)用压缩空气检查调速器油路有无泄漏。如有泄漏,应更换密封圈或密封环。

(7)若调速器油压正常,应拆卸阀板,检查各个换挡阀。换挡阀如有卡滞,可将阀芯取出,用金相砂纸抛光,再清洗后装入。如不能修复,应更换阀板。

(8)若控制系统无故障,应分解自动变速器,检查各个换挡执行元件有无打滑现象,用压缩空气检查各个离合器、制动器油路或活塞有无泄漏。

四　评价与反馈

1 自我评价

(1)通过本学习任务的学习你是否已经清楚以下问题:

①自动变速器有哪些基本试验？为什么要进行基本试验？_____。

②故障诊断的基本步骤是什么？_____。

(2)在故障诊断的操作过程中用了哪些设备？

_____。

(3)对自动变数器检修的基本操作实训过程,你完成了多少？情况如何？

_____。

(4)通过本学习任务的学习,你认为自己的知识和技能还有哪些欠缺？

_____。

签名:_____　　_____年___月___日

2 小组评价(表13-4)

小组评价表　　　　　　　　　　　　　　　　表13-4

序号	评价项目	评价情况
1	着装是否符合要求	
2	是否能合理规范地使用仪器和设备	
3	是否按照安全和规范的流程操作	
4	是否遵守学习、实训场地的规章制度	
5	是否能保持学习、实训场地整洁	
6	团结协作情况	

参与评价的同学签名：_____　　　_____年___月___日

③ 教师评价

_____
_____。

教师签名：_____　　　_____年___月___日

五 技能考核标准

根据学生完成实训任务的情况对学习效果进行评价。技能考核标准见表13-5。

技能考核标准表　　　　　　　　　　　　　　　表13-5

序号	项目	操作内容	规定分	评分标准	得分
1	自动变速器拆装技能	总成分解：（按解体的一般原则进行） 先外后内； 先两头后中间； 先电液后机械； 先部件后零件	25分	分解顺序不正确扣5~10分； 分解方法不正确扣5~10分； 零部件摆放不整齐扣2~5分； 损坏零件酌情扣分	
		部件分解： 片式离合器分解； 片式离合器零件检查； 片式离合器	15分	拆装顺序不正确扣2~5分； 拆装方法不正确扣5~10分； 检查部位遗漏一处扣3~5分	
		总成组装： 按分解反序进行； 注意清洁、润滑、位置、方向及紧固； 注意检查重要部位的工作间隙	30分	组装顺序错乱扣5~10分； 零部件不清洁扣5~10分； 未做浸油涂油处理扣5~10分； 错装、漏装一处扣5~10分； 未做规定检查扣3~5分； 未按规定拧紧螺栓扣5~10分	
		工具、量具的选择及使用： 工具选择适当，使用方法正确； 量具使用方法正确，读数准确	10分	工具选择或使用不当扣2~5分； 量具使用不当或读数不正确扣2~5分	
		安全文明； 认真遵守安全操作规程； 工作台及场地清洁整齐； 零部件摆放有序	10分	违犯安全操作规程扣2~5分； 工作台及场地脏乱扣2~5分	
		操作记录	10分	关键信息遗漏扣2分，扣完为止	
	总　　分		100分		

参考文献

[1] 黄关山,蒋飞.汽车自动变速器维修[M].北京:人民交通出版社.2012.

[2] 戴良鸿.汽车变速器与驱动桥检修[M].北京:人民交通出版社.2013.

[3] 左成基,杨明钦.汽车自动变速器构造与维修[M].北京:人民交通出版社.2011.

[4] 巫兴宏,刘仲国.汽车自动变速器维修工作页[M].北京:人民交通出版社.2007.

[5] 张立新,屈亚锋.汽车底盘电控系统检修[M].北京:人民交通出版社.2012.

[6] 朱军.朱军汽车实验室 液力自动变速器原理与维修[J].汽车与驾驶维修.2002(09)

[7] 沈沉,刘宜.汽车底盘电控系统原理与检修一体化教程[M].北京:机械工业出版社.2013.

[8] 钟声,杨二杰.汽车底盘维修[M].北京:人民交通出版社.2011.

[9] 巫兴宏.汽车自动变速器维修工作页[M].北京:人民交通出版社.2008.

[10] 许张红.自动变速器构造与维修[M].南京:江苏科学技术出版社.2009.

[11] 王军方.自动变速器检测与维修[M].北京:机械工业出版社.2012.

[12] 李春明.汽车底盘电控技术[M].北京:机械工业出版社.2007.

[13] 瞿绍辉.常见车系自动变速器电脑端子功能及检测[M].北京:机械工业出版社.2010.

[14] 李淑英.汽车底盘电控系统结构检修[M].天津:天津科学技术出版社.2011.

[15] 曹振峰.怎么样维修自动变速器维修[M].北京:机械工业出版社.2004.

[16] 陈春明.汽车自动变速器规范化维修[M].北京:人民交通出版社.2007.

[17] 张士江.汽车底盘新结构.北京:高等教育出版社.2006.